CORNELIA SCHINHARL

SUPPEN

DIE GLÜCKLICH MACHEN

CORNELIA SCHINHARL

SUPPEN

DIE GLÜCKLICH MACHEN

FOTOS VON ALEXANDER WALTER

KOSMOS

SUPPEN

DIE GLÜCKLICH MACHEN

UND HIER SEHEN SIE ES GANZ GENAU.

DAS IST *wirklich* WICHTIG

DARAUF KOMMT'S AN! **Hier erläutern wir alles, was zum Gelingen des Rezepts wirklich wichtig ist. Wo es sinnvoll ist, mit Bild, sonst auch ohne.**

SUPPEN,
die glücklich machen …

… das sind die, die wohlige Erinnerungen in uns wachrufen: An einen besonders gemütlichen Abend mit guten Freunden und einem Topf dampfender Gulaschsuppe auf dem Tisch. An den ersten Herbststurm, den man drinnen wohl behütet mit einem Teller wunderbarer Kürbissuppe so richtig genießen konnte. Oder an einen kuscheligen Tag im Bett und einer wärmenden Nudelsuppe mit Huhn, die den Schnupfen ganz schnell wieder vertrieben hat.

… das sind die, die aus den frischen Zutaten der Saison zubereitet werden und deshalb besonders gut zur Jahreszeit passen. Suppen für den Frühling, die uns mit vielen aromatischen Kräutern oder knackigem Spargel eine ganze Menge neuen Schwung geben. Sommersuppen, die so leicht und frisch in den Teller kommen, dass sie uns an heißen Tagen nicht belasten und sogar angenehm erfrischen. Herbstsuppen, die die Aromen der reichen Ernte des Jahres einfangen und uns auf die kühlere Zeit einstimmen helfen. Und nicht zuletzt die kräftigen Wintersuppen, die uns von innen heraus so richtig einheizen.

Damit Sie sich all diese Glückfaktoren immer wieder aus dem Suppentopf gönnen können, finden Sie in diesem Buch nicht nur eine ganze Menge feiner Rezepte, sondern auch viel Wissenswertes. An den Anfang haben wir die Grundrezepte für die wichtigsten Brühen gestellt – aus Gemüse, Fleisch, Huhn und Fisch. Die einzelnen Suppenkapitel berücksichtigen die Bedürfnisse, die sich rund ums Jahr immer wieder ein wenig ändern. Auf einen Blick erkennen Sie bei jeder Suppe in einem kleinen Symbol ihre ganz besondere Wirkung – vom Seelentröster bis zum Muntermacher. Als Extras finden Sie in jedem Kapitel eine Doppelseite mit Köstlichkeiten, die die Suppen noch feiner machen: raffinierte Toppings wie Orangen-Chili-Gremolata oder Knuspernüsse, würzige Pasten aus Kapern und Zitronen oder Zitronengras und Kokos, besondere Einlagen wie Petersilien-Brätnockerl und frittierte Polentastücke oder besondere Würzmischungen wie feuriges Curry oder Fenchel-Rosmarin-Salz. Aromen laden Sie hier zum Experimentieren ein.

Wir wünschen viel Vergnügen beim Zubereiten der abwechslungsreichen Suppen und natürlich beim Löffeln und Genießen!

BRÜHE KOCHEN

Basis für beste Suppen

„OHNE MÜHE KEINE BRÜHE" HEISST ES NICHT ZU UNRECHT. ABER DIESE MÜHE LOHNT! DENN MIT SELBST GEKOCHTEN BRÜHEN UND FONDS SCHMECKT JEDE SUPPE GLEICH NOCH MAL SO GUT – UND MACHT RICHTIG GLÜCKLICH.

KLARE FLEISCHBRÜHE

mit Suppenknochen

NICHTS GEHT ÜBER EINE SELBST GEKOCHTE BRÜHE. PUR WÄRMT SIE KÖRPER UND SEELE UND LÄSST SICH IN TAUSENDUNDEINE KÖSTLICHKEIT VERWANDELN.

Zutaten für ca. 1,5 Liter

- 500 g Rinderknochen
- etwa 1 kg Rindfleisch zum Kochen (Brustkern, Zwischenrippe und/oder Beinscheiben)
- 1 Zwiebel
- 1 Bund Suppengrün
- 2 Lorbeerblätter
- je 1 TL schwarze Pfefferkörner und Wacholderbeeren
- 1 Gewürznelke
- Salz

Zeitbedarf

- 20 Minuten
- 2 – 2½ Stunden kochen

So geht's

1. Die Knochen und das Fleisch kalt abspülen, in einen Topf legen und mit kaltem Wasser bedecken (etwa 2½ l) [→a]. Wasser zum Kochen bringen. Temperatur auf schwache bis mittlere Hitze reduzieren, so dass das Wasser sich nur leicht bewegt. Alles offen etwa 1 Stunde köcheln lassen, immer wieder abschäumen [→b].
2. Die Zwiebel waschen, mit der Schale halbieren und mit den Schnittflächen nach unten in einer beschichteten Pfanne bei starker Hitze in etwa 5 Minuten goldbraun rösten. Das Gemüse waschen oder schälen und grob schneiden. Falls Petersilie beim Suppengrün ist, diese kalt abspülen.
3. Alles mit den Gewürzen zum Fleisch in den Topf geben, eventuell noch etwas Wasser nachfüllen, damit das Fleisch wieder bedeckt ist. Weitere 1 – 1 ½ Stunden garen. Das Fleisch mit einer Fleischgabel einstechen. Ist es ausreichend gegart, lässt sich das Fleisch ganz leicht einstechen. Ist es noch hart, etwas länger garen.
4. Die Brühe sieben, salzen und eventuell gleich verwenden oder abkühlen lassen und das Fett von der Oberfläche entfernen.

Grießklößchen (s. Seite 80) und ein paar Möhrenscheiben passen perfekt in die kräftige Brühe.

DIE VARIANTE | HÜHNERBRÜHE

1 Suppenhuhn, 1 Zwiebel, 1 Bund Suppengrün, 2 Lorbeerblätter, je 1 TL schwarze Pfefferkörner und Wacholderbeeren, 1 Gewürznelke, Salz Die Brühe mit dem Huhn wie beschrieben zubereiten. Sie können auch 1 Poularde verwenden, dann wird diese mit dem Wasser erhitzt. Sobald es heiß ist, alle anderen Zutaten dazugeben. Die Garzeit beträgt dann nur etwa 1 Stunde und das zarte Hühnerfleisch bleibt schön saftig.

DAS IST *wirklich* WICHTIG

[a] KALT AUFSETZEN Damit sich richtig viel Aroma aus Knochen und Fleisch löst, beides mit kaltem Wasser in den Topf geben und langsam erhitzen. Das Salz kommt erst zum Schluss ins Wasser. Die Mineralsalze des Fleisches lösen sich so besser in der Flüssigkeit, die Brühe wird noch geschmackvoller.

[b] ABSCHÄUMEN Anfangs bildet sich beim Garen auf der Brühe gräulicher Schaum. Heben Sie diesen immer wieder mit dem Schaumlöffel ab, in ihm sammeln sich Trübstoffe. Garen Sie die Brühe außerdem offen, das verhindert zusätzlich die Bildung von Trübstoffen, die Brühe wird dann schön klar.

[b]

[b]

DAS IST *wirklich* WICHTIG

[a] KIEMEN ENTFERNEN Sie sollen nicht mitgegart werden, weil sie den Fischfond tranig machen. Klappen Sie dafür den Kiemendeckel mit dem Finger vorsichtig auf – manche Kiemen sind sehr scharfkantig! Schneiden Sie die Kiemen dann mit der Küchenschere ab.

[b] FOND AUF VORRAT Den fertigen Fond können Sie in einem dicht schließenden Glas 3 – 4 Tage im Kühlschrank aufbewahren. Länger hält er sich tiefgefroren – am besten in Eiswürfelbehältern oder -tüten, so kann man ganz nach Bedarf auch kleine Portionen entnehmen.

[a]

FISCHFOND
aus Edelfischen

DIE BESTE GRUNDLAGE FÜR EINE FEINE FISCHSUPPE. EINFACH GEMÜSESTREIFEN IM FOND BISSFEST KOCHEN, DANN FISCHSTÜCKE IN WENIGEN MINUTEN DARIN GAR ZIEHEN LASSEN.

Zutaten für ca. 1 Liter

- 1 kg Köpfe und Gräten (Karkassen) von edlen Fischen wie Steinbutt, Seezunge, Hecht oder Rotbarsch
- 2 Stangen Staudensellerie
- 1 Fenchelknolle
- 1 Stange Lauch
- 1 Tomate
- 2 Knoblauchzehen
- 4 Zweige Thymian
- 2 EL Olivenöl
- 1 Lorbeerblatt
- 1 TL schwarze Pfefferkörner
- ¼ l trockener Weißwein
- Salz

Zeitbedarf

- 25 Minuten
- 20 Minuten kochen

So geht's

1. Die Kiemen aus den Fischköpfen entfernen [→a], die Köpfe und Gräten kalt abbrausen. Die Gräten mit der Küchenschere in größere Stücke schneiden. Das Gemüse waschen oder schälen und klein würfeln. Knoblauch schälen und halbieren, denThymian kalt abbrausen.
2. Das Öl in einem Suppentopf erhitzen, das Gemüse außer der Tomate, den Knoblauch und den Thymian darin andünsten. Fischgräten und -köpfe, Tomatenwürfel, Lorbeerblatt und Pfefferkörnern dazugeben, den Weißwein und ¾ l kaltes Wasser zugießen und langsam zum Kochen bringen. Den Fond etwa 20 Minuten leise köcheln lassen, den Schaum dabei immer wieder abschöpfen.
3. Den Topf vom Herd nehmen und den Fond etwa 10 Minuten nachziehen lassen, dann langsam durch ein Sieb gießen. Die Zutaten nicht ausdrücken, sonst wird der Fond trüb! Den Fond salzen und gleich weiter verwenden oder abkühlen lassen [→b].

DIE VARIANTE | KRUSTENTIERFOND

2 Tomaten, 1 Fenchelknolle, 2 Stangen Staudensellerie, 2 Knoblauchzehen, 700 g rohe Krustentierköpfe und -schalen (z. B. von Garnelen), 2 EL Olivenöl, 50 ml Noilly Prat (französischer trockener Wermut), 200 ml trockener Weißwein, 1 langes Stück Bio-Zitronenschale, 1 Zweig Rosmarin, Salz
Gemüse und Knoblauch waschen oder schälen und grob zerkleinern. Die Krustentierteile im Olivenöl kräftig anrösten. Mit Noilly Prat und Weißwein ablöschen. ¾ l Wasser angießen, Zitronenschale und Rosmarin mit dem Gemüse dazugeben, aufkochen und 30 Minuten köcheln lassen. 10 Minuten stehen lassen, durchsieben, in dem Fall auch ausdrücken und salzen.

GEMÜSEBRÜHE
mit Frühlingskräutern

DIE LEICHTE, AROMATISCHE GRUNDLAGE FÜR VIELE SUPPEN – HIER MIT FRÜHLINGSFRISCHEN KRÄUTERN GEGEN DIE FRÜHJAHRSMÜDIGKEIT.

Zutaten für ca. 1,5 Liter

- 3 Möhren
- 1 Fenchelknolle
- 3 Stangen Staudensellerie
- 3 Stangen grüner Spargel
- 1 Bund Radieschen
- 1 Stange Lauch
- 1 Zwiebel
- 2 Knoblauchzehen
- 1 Bund frische Frühlingskräuter (z. B. Petersilie, Borretsch, Schnittlauch, Bärlauch und Kerbel)
- 1 EL Olivenöl
- 2 Lorbeerblätter
- Salz, Pfeffer aus der Mühle

Zeitbedarf

- 20 Minuten
- 30 Minuten kochen

So geht's

1. Das Gemüse waschen und alle welken Stellen entfernen. Die Möhren schälen, vom Fenchel das zarte Grün beiseitelegen. Das Gemüse mittelgrob hacken. Die Zwiebel waschen und mit der Schale halbieren. Den Knoblauch schälen und in Scheiben schneiden. Die Kräuter waschen und mit den Stielen grob zerkleinern.
2. Eine Pfanne erhitzen, die Zwiebel mit der Schnittfläche nach unten hineinsetzen und anbraten [→a]. Das Öl in einem großen Topf erwärmen. Das Gemüse mit dem Knoblauch darin bei mittlerer Hitze unter Rühren 2–3 Minuten anrösten. Mit 2 l Wasser aufgießen, die Zwiebel und die Kräuter einschließlich Lorbeer und Fenchelgrün untermischen. Das Wasser zum Kochen bringen und alles offen bei mittlerer Hitze etwa 30 Minuten köcheln lassen.
3. Die Brühe durch ein Sieb in eine Schüssel oder einen weiteren Topf gießen und das Gemüse leicht ausdrücken. Mit Salz und Pfeffer abschmecken. Die Brühe entweder gleich verwenden oder abkühlen lassen und (portionsweise) einfrieren.

DIE VARIANTE | PILZBRÜHE

1 Zwiebel, 2 Knoblauchzehen, 2 Tomaten, 30 g getrocknete gemischte Pilze oder Steinpilze, je 1 Zweig Rosmarin, Salbei und Thymian, 2 TL schwarze Pfefferkörner, Salz Zwiebel und Knoblauch wie oben vorbereiten. Mit den klein geschnittenen Tomaten, Pilzen, Kräutern und den Pfefferkörnern in einem Topf mit 1 ½ l Wasser zum Kochen bringen und bei mittlerer Hitze etwa 30 Minuten köcheln lassen. Sieben und mit Salz abschmecken.

DAS IST *wirklich* WICHTIG

[a] ZWIEBEL ANBRATEN Die Röstaromen der Zwiebel bringen der Brühe viel Geschmack. Setzen Sie die Zwiebelhälften mit der Schnittfläche nach unten ohne Öl in die Pfanne und braten Sie sie bei starker Hitze etwa 5 Minuten, bis das Zwiebelfleisch schön braun, aber nicht schwarz ist.

[a]

GRUNDLAGEN

für die schnelle Küche

ES GEHT NICHTS ÜBER SELBST GEKOCHTE BRÜHEN. IHRE ZUBEREITUNG BRAUCHT ALLERDINGS EIN BISSCHEN ZEIT. MUSS ES EINMAL SCHNELL GEHEN, GIBT ES ALS ALTERNATIVE EINIGE PRODUKTE, AUF DIE SIE DURCHAUS ZURÜCKGREIFEN KÖNNEN.

GEKÖRNTE BRÜHE UND BRÜHWÜRFEL
Brühwürfel heißen auch Suppen- oder Bouillonwürfel und bestehen je nach Sorte aus Salz (manchmal auch Sojasauce), Fett (meist gehärtetem Pflanzenöl), Geschmacksverstärkern oder Hefeextrakt, Zucker und/oder Karamell, Gewürzen, Säuerungsmitteln, getrocknetem Gemüse und Fleisch-, Geflügel- oder Fischextrakt. Vor allem in Italien ist auch ein Pilz-Brühwürfel beliebt, der sein Aroma durch getrocknete Steinpilze bekommt. Brühwürfel aus dem Naturkosthandel dürfen keine Geschmacksverstärker enthalten.
In jedem Fall wird die Mischung zu kleinen Quadern gepresst und einzeln in Papier oder Folie verpackt. Bei der Zubereitung werden die Brühwürfel leicht zerbröselt und in heißem Wasser aufgelöst. Je nach Hersteller sind die Brühwürfel unterschiedlich salzig. Nehmen Sie zunächst immer etwas weniger, als auf der Packung angegeben, und würzen Sie bei Bedarf nach. Grundsätzlich brauchen Sie für klare Brühen mit wenig Einlage etwas mehr als für solche Suppen, die mit anderen würzigen Zutaten zubereitet werden.
Die Zusammensetzung von gekörnter Brühe ist ganz ähnlich. Die Mischung wird allerdings nur getrocknet und nicht gepresst. Sie löst sich dadurch natürlich wesentlich schneller im heißen Wasser auf.

FOND IM GLAS

Fertige Fonds gibt es in fast jedem Supermarkt in großer Auswahl zu kaufen: Neben den Klassikern Rind, Huhn, Fisch und Gemüse findet man auch ausgefallene Sorten wie Kalb, Wild, Lamm und Ente. Je kürzer die Zutatenliste des jeweiligen Fonds, desto besser ist seine Qualität. Denn dann wurde er aus wenigen hochwertigen Zutaten in einem eher aufwändigen Prozess hergestellt. Solche Fonds finden Sie aber meist nur von kleinen handwerklich arbeitenden Herstellern, am besten über das Internet oder in Feinkostläden. Fonds sind in der Regel kräftiger als selbst gemachte Brühen und können daher ganz nach Geschmack mit Wasser verdünnt werden.

EXTRAKT

Muss ein Fleischbrühwürfel oder gekörnte Fleischbrühe gerade mal 670 mg Fleischextrakt pro Liter enthalten, so ist der Fleischanteil beim Fleischextrakt wesentlich höher. Für 1 kg Fleischextrakt werden 30 kg Rindfleisch benötigt. Für die Herstellung wird das Fleisch sehr fein zerkleinert und mit der gleichen Menge Wasser zu einer kräftigen Fleischbrühe gekocht. Diese Brühe wird dann in mehreren Schritten so lange eingekocht, bis eine zähflüssige, dunkelbraune Paste entsteht. Verdünnt wird sie zu einer wohlschmeckenden Brühe, kann aber auch als Basis für Saucen oder zum Abschmecken dienen.

BLITZ-BRÜHE AUS HACKFLEISCH

Für ca. 1 Liter: 500 g Rinderhackfleisch, 1 Pck. TK-Suppengemüse, 2 Lorbeerblätter, 1 TL Wacholderbeeren, 1 TL schwarze Pfefferkörner, Salz

Alle Zutaten mit 1 ½ l Wasser in einen Topf geben und zum Kochen bringen. Bei halb aufgelegtem Deckel und mittlerer Hitze ca. 20 Minuten köcheln lassen. Brühe durch ein feines Sieb in einen zweiten Topf gießen und mit Salz abschmecken.

GLÜCK AUF VORRAT

Wenn Sie eine der Basis-Brühen von den Seiten 10–15 zubereiten, lohnt es sich wegen des Zeitaufwands gleich eine größere Menge zu kochen. Brühe, die Sie dann nicht sofort verbrauchen, kann problemlos für andere Gelegenheit portionsweise eingefroren werden.
Um die Brühe als Grundlage für eine Sauce weiterzuverwenden, am besten Mini-Portionen einfrieren. Dafür eignen sich Eiswürfel-Gefrierbeutel besonders gut. So konserviert sind selbst gekochte Brühen bis zu sechs Monaten haltbar. Noch heiß in sterile Gläser oder Flaschen abgefüllt, gut verschlossen und an einem kühlen Platz aufbewahrt, sind Brühen ebenfalls immer griffbereit. So gelagert, sollten sie innerhalb von zwei bis drei Monaten verbraucht werden.

FRÜHLINGSFRISCH
und kräuterleicht

KNACKIGE RADIESCHEN, AROMATISCHER SPARGEL, ZARTE ERBSEN, FRISCHER BÄRLAUCH, KERBEL, BRENNNESSELN UND VIELE ANDERE KRÄUTER SPIELEN HIER DIE HAUPTROLLE. IN SUPPEN, DIE UNS JEDE MENGE SCHWUNG GEBEN, EINFACH KÖSTLICH SCHMECKEN – UND GLÜCKLICH MACHEN.

Brennnesselsuppe mit Grünkern
Gründonnerstags-Suppe

FRÜHLINGSSUPPEN

geben Schwung

DIE TAGE WERDEN LÄNGER, ZARTES GRÜN SPRIESST UND DIE VÖGEL ZWITSCHERN. EIN WENIG MÜDE SIND WIR ALLE NOCH, ABER UNSERE LEBENSGEISTER ERWACHEN ALLMÄHLICH WIE DIE NATUR UM UNS HERUM. HELFEN WIR DOCH EINFACH EIN BISSCHEN NACH!

NEUE KRAFT AUS FRISCHEM GRÜN

Die Fastenzeit und Ostern sind wichtige Ereignisse im Frühling, bei denen das Essen eine große Rolle spielt. Die Fastenzeit ist von Verzicht geprägt, den man sich allerdings von jeher so angenehm wie möglich gestalten wollte. Zum Beispiel mit einer fein-würzigen, sämigen Suppe aus allerlei zarten und aromatischen Kräutern, die am Ende der Fastenzeit noch heute traditionell vor allem in Bayern und Österreich auf den Tisch kommt – die Gründonnerstagssuppe. Sie wird zumeist aus mindestens sieben, besser neun und gelegentlich sogar zwölf verschiedenen frühlingsfrischen Kräutern zubereitet.

ZARTES MIT NEBENWIRKUNG

Neben Brunnenkresse, Brennnessel, Löwenzahn und Sauerampfer gehörte in die Gründonnerstags- oder Kräutlsuppe früher so Ungewöhnliches wie Gundermann, Spitzwegerich, Huflattich, Veilchenblätter oder Gänseblümchen und die Schafgarbe, die man auf den Feldern und Wiesen selbst sammelte. Heute begnügt man sich mit dem, was auf dem Markt angeboten wird – dort sind in den Tagen rund um den Gründonnerstag fast überall fertig gemischt Kräuter zu haben! Doch egal, ob selbst gesammelt oder gekauft: Alles, was im Frühjahr zart und aromatisch sprießt, enthält eine ganze Menge Vitamine und Mineralstoffe, die unseren Organismus wieder so richtig in Schwung bringen.

Bärlauch können Sie ab Mitte Februar bis in den Mai mittlerweile fast überall kaufen, aber auch selber im Wald sammeln. (Immer einen Riechtest machen: Er ist gut am Knoblauchduft zu erkennen.) Zarte Brennnesseln wachsen am Wegesrand und haben noch keine ausgeprägten Brennhaare. Sie lassen sich daher noch ohne unangenehme Nebenwirkungen für die Haut pflücken (nicht neben stark gedüngten Wiesen sammeln!). Kerbel mit den feinen Blättchen und seinem leichten Anisaroma gehört unbedingt in die Kräutlsuppe. Zarte Sauerampferblätter enthalten viel Vitamin C, das dem Immunsystem nach dem langen Winter so richtig gut tut. Löwenzahn schmeckt leicht herb und etwas bitter und ist ideal für die Frühjahrskur: Er wirkt entwässernd. Daneben sorgt der erste Schnittlauch aus dem Freiland ebenso für frisches Grün im Suppenteller wie zarter Dill und würzige Petersilie. Bei all dieser geballten Vitamin- und Geschmackspower steht unserem Frühlingsglück im Suppenteller wirklich nichts mehr entgegen!

ENTSCHLACKT

GRÜNDONNERSTAGSSUPPE

mit knusprigen Brotcroûtons

MINDESTENS SIEBEN, BESSER NEUN KRÄUTER VERTREIBEN MIT IHRER VITALISIERENDEN WIRKUNG DIE FRÜHJAHRSMÜDIGKEIT.

Zutaten für 4 Portionen

- 150 g gemischte Frühlingskräuter (fertig gekauft oder selbst zusammengestellt: z. B. Kerbel, Bärlauch, Sauerampfer, Brennnessel, Borretsch, Liebstöckel, Brunnenkresse, Petersilie und Schnittlauch)
- 2 Frühlingszwiebeln
- 3 EL Butter
- 2 EL Mehl
- 1 l Gemüsebrühe (s. Seite 14/15)
- 1 Brötchen (frisch oder vom Vortag)
- Salz, Pfeffer aus der Mühle
- 100 g Sahne
- 1 Prise frisch geriebene Muskatnuss

Zeitbedarf
- 25 Minuten

So geht's

1. Die Kräuter abbrausen, trocken schütteln, alle dicken Stiele mit einem kleinen Messer abknipsen und die Blätter fein hacken. Gut 1 EL der Kräuter zugedeckt beiseitestellen. Von den Frühlingszwiebeln die Wurzelenden und die welken grünen Teile abschneiden. Die Zwiebeln waschen und in feine Ringe schneiden.
2. In einem großen Topf bei mittlerer Hitze 2 EL Butter zerlassen, die Zwiebelringe darin kurz andünsten. Das Mehl darüberstäuben und unter Rühren hellgelb werden lassen. Die Brühe unter kräftigem Rühren (am besten mit einem Schneebesen) dazugießen und die Suppe offen bei mittlerer Hitze ca. 10 Minuten köcheln lassen, bis sie sämig ist.
3. Inzwischen das Brötchen in knapp 1 cm große Würfel schneiden. Die restliche Butter in einer kleinen Pfanne zerlassen und die Brötchenwürfel darin bei mittlerer Hitze unter Rühren knusprig rösten. Leicht salzen.
4. Die Kräuter und die Sahne unter die Suppe rühren. Die Suppe mit Salz, Pfeffer und Muskat abschmecken und auf vorgewärmten Suppentellern verteilen. Die beiseitegestellten Kräuter und die Brotwürfel aufstreuen und die Suppe gleich servieren.

DAS KÜCHENGEHEIMNIS | KRÄUTERVIELFALT **Je mehr verschiedene Kräuter Sie verwenden, desto besser! Frühlingskräuter sind noch jung und zart und mögen es daher nicht zu heiß. Erhitzen Sie die Kräuter darum nur ganz zum Schluss kurz in der Suppe und streuen Sie vor dem Servieren immer noch etwas von den frisch gehackten Kräutern darüber.**

BLUTREINIGER

BRENNNESSELSUPPE
mit Grünkern

DIE ZARTEN SPITZEN DER JUNGEN BRENNNESSELBLÄTTER STECKEN VOLLER MINERALIEN UND REINIGEN DEN KÖRPER VON INNEN HERAUS.

Zutaten für 4 Portionen

- 150 g junge Brennnesselblätter
- 1 Zwiebel
- 2 Knoblauchzehen
- 2 EL Butter
- 20 g feiner Grünkernschrot (Bioladen oder selbst gemahlen)
- 1 l Gemüsebrühe (s. Seite 14/15)
- 1 Bund Schnittlauch
- 100 g Sahne
- Salz, Pfeffer aus der Mühle
- 1 Prise rosenscharfes Paprikapulver

besonderes Werkzeug
- Pürierstab

Zeitbedarf
- 30 Minuten

So geht's

1. Die Brennnesselblätter in lauwarmem Wasser durchschwenken, abtropfen lassen und fein hacken. 1 EL beiseitestellen. Die Zwiebel und den Knoblauch schälen und fein würfeln.
2. Die Butter in einem Suppentopf zerlassen und den Grünkernschrot darin bei mittlerer Hitze 1–2 Minuten unter Rühren anrösten. Zwiebel und Knoblauch kurz mitbraten, dann mit der Gemüsebrühe aufgießen. Brühe zum Kochen bringen und offen ca. 10 Minuten köcheln lassen. Inzwischen den Schnittlauch waschen und in Röllchen schneiden.
3. Die Brennnesseln in die Suppe geben und zusammenfallen lassen. Die Suppe vom Herd nehmen und im Topf fein pürieren.
4. Die Sahne untermischen und die Suppe mit Salz, Pfeffer und Paprikapulver abschmecken. Suppe auf Tellern verteilen und mit den Schnittlauchröllchen und übrigen Brennnesseln bestreuen.

TOPPINGS

für cremige Süppchen

ALLE CREMIGEN SUPPEN SCHMECKEN NOCH MAL SO GUT UND SEHEN ZUDEM BESONDERS ATTRAKTIV AUS, WENN SIE VOR DEM SERVIEREN MIT EINEM FEINEN TOPPING GARNIERT WERDEN.

KNUSPERNÜSSE

1 geh. EL Butter, ½ EL Puderzucker, 3 EL Nüsse und Kerne (Pinienkerne, grob gehackte Cashewnüsse, Sonnenblumenkerne, Mandelstifte oder -blättchen), Salz, Chilipulver nach Belieben

So geht's: Die Butter mit dem Puderzucker bei mittlerer Hitze schmelzen. Pinienkerne, Cashews, Sonnenblumenkerne oder Mandeln darin unter Rühren knusprig und leicht braun braten. Mit Salz und eventuell Chilipulver abschmecken und in einem Schälchen mit auf den Tisch stellen.

Passt zu: Cremigen Suppen aus Kräutern, Gemüse oder Kartoffeln.

KORIANDERBUTTER

2 TL Koriandersamen, 50 g Butter, Salz

So geht's: Die Koriandersamen in einer Pfanne bei mittlerer Hitze unter Rühren 1–2 Minuten rösten, bis sie fein duften. Im Mörser fein zerstoßen. Die Butter in der Pfanne zerlassen, den gemörserten Koriander unterrühren und die Butter leicht salzen.

Passt zu: Kräutersuppen, Kartoffelsuppe oder einer sämigen Sellerie- oder Steckrübensuppe.

Tipp: Statt Koriander auch mal Kümmelsamen versuchen oder unter die flüssige Butter Paprika- oder Currypulver mischen.

GEMÜSECHIPS

250 g zartes Wurzelgemüse wie Möhren, Topinambur, Petersilienwurzeln, Pastinaken oder Mairübchen, ½ l Öl zum Frittieren, Salz, Pfeffer aus der Mühle oder Cayennepfeffer

So geht's: Das Gemüse schälen und in feine Scheiben hobeln. Große Scheiben halbieren oder vierteln. Die Gemüsescheiben mit Küchenpapier trocken tupfen. In einem weiten Topf das Öl auf max. 170 °C erhitzen.
Die Gemüsescheiben darin portionsweise in ca. 4 Minuten knusprig frittieren. Mit dem Schaumlöffel herausheben, auf Küchenpapier entfetten lassen und mit Salz und Pfeffer oder Cayennepfeffer würzen.

Passt zu: Cremigen Suppen aus Kräutern, Gemüse, Kartoffeln oder Suppen mit Käse.

Tipp: Immer erst kurz vor dem Essen aufstreuen, die Chips weichen sonst auf.

ORANGEN-CHILI-GREMOLATA

1 Bio-Orange, 1 rote Chilischote, 2 Knoblauchzehen nach Belieben, 1 Bund Basilikum, Salz, Pfeffer aus der Mühle

So geht's: Die Orange waschen und abtrocknen, die Schale so dünn abschälen, dass keine weiße Haut mit entfernt wird. Chili waschen, entstielen, längs aufschneiden und einen Teil der Samenkerne entfernen. Nach Belieben den Knoblauch schälen. Basilikum waschen und trocken schütteln, die Blättchen abzupfen und mit Orangenschale, Chili und eventuell dem Knoblauch fein hacken. Salzen und pfeffern und zum Bestreuen der Suppe mit auf den Tisch stellen.

Passt zu: Gemüse- und Fischsuppen und zu cremigen Suppen aus Gemüse oder Kartoffeln.

DAS IST *wirklich* WICHTIG

[a]

[a] SPARGEL SCHÄLEN Die Stangen waschen und flach auf die Handfläche oder ein Küchenbrett legen. Mit dem Sparschäler oder einem scharfen Messer etwa 2 cm unterhalb des Spargelkopfes mit dem Schälen beginnen. Am oberen zarten Teil der Stange eher dünn, zum Ende hin großzügiger schälen. Zum Schluss das Stangenende abschneiden.

SCHLANKMACHER

SPARGELCREMESUPPE *mit Kerbel*

SPARGEL WIRKT ENTWÄSSERND UND ENTGIFTEND. KENNEN SIE EINEN ANDEREN SCHLANKMACHER, DER DABEI AUCH NOCH SO GUT SCHMECKT?

Zutaten für 4 Portionen

- 500 g weißer Spargel
- Salz
- 1 Prise Zucker
- 30 g Butter
- 15 g Mehl
- 1 große Handvoll Kerbel
- 50 g Sahne
- 1 sehr frisches Eigelb (Größe M)
- Salz, Pfeffer aus der Mühle
- 1 TL Zitronensaft nach Belieben

besonderes Werkzeug

- Pürierstab

Zeitbedarf

- 50 Minuten

So geht's

1. Den Spargel waschen und schälen [→a]. Die Spitzen abschneiden und beiseitestellen, die Stangen in Stücke schneiden. In einem Topf 1 l Wasser mit Salz und Zucker zum Kochen bringen. Die Spargelenden und die Schalen hineingeben und zugedeckt bei mittlerer bis schwacher Hitze etwa 30 Minuten köcheln lassen.
2. Den Sud durch ein Sieb gießen und noch einmal aufkochen. Die Spargelspitzen darin in 3 – 4 Minuten bissfest kochen. Mit dem Schaumlöffel herausheben, abschrecken und abtropfen lassen.
3. Die Butter im Suppentopf schmelzen. Das Mehl einrühren und bei mittlerer bis schwacher Hitze 2 – 3 Minuten anschwitzen, bis es goldgelb ist. Den Spargelsud unter Rühren dazufließen lassen. Den Sud erhitzen, die Spargelstücke untermischen und alles bei halb aufgelegtem Deckel 10 – 12 Minuten köcheln lassen.
4. Inzwischen den Kerbel verlesen, waschen und trocken schütteln. Die Blättchen von den Stielen zupfen und fein hacken. Die Sahne mit dem Eigelb verrühren.
5. Die Spargelstücke mit der Suppe fein pürieren. Den Topf vom Herd ziehen, einige Löffel heiße Suppe zur Eigelb-Sahne geben und diese Mischung dann unter kräftigem Schlagen unter die Suppe rühren. So wird sie schön cremig. Die Spargelspitzen in die Suppe geben und wieder warm werden lassen – die Suppe darf jetzt aber nicht mehr kochen. Die Suppe mit Salz, Pfeffer und nach Belieben dem Zitronensaft abschmecken. Mit dem Kerbel servieren.

DAS STECKT DRIN | SPARGEL **ist ein echtes Powergemüse mit einer Menge Vitamin C, E, A und einigen Vitaminen der B-Gruppe. Dazu gesellen sich die Mineralstoffe Phosphor, Kalzium, Magnesium und Kalium, das den Körper entwässert. Bei gerade mal 20 Kalorien pro 100 g ist Spargel dabei so kalorienarm, dass er uns helfen kann, den Rest vom Winterspeck loszuwerden.**

MISOSUPPE

MUNTERMACHER

mit Tofu und Lachs

KLASSIKER UND ALLHEILMITTEL AUS JAPAN, WO DIE SUPPE SOGAR SCHON ZUM FRÜHSTÜCK GERNE GEGESSEN WIRD.

Zutaten für 4 Portionen

- 300 g nicht zu fetter Lachs
- 1 EL Zitronensaft
- 200 g Tofu
- 1 Bund Frühlingszwiebeln
- ¾ l Dashibrühe (Instantflocken aus dem Asienladen; ersatzweise milde Fisch- oder Gemüsebrühe)
- 1 ½ EL Miso (japanische Würzpaste)
- 1 Handvoll Brunnenkresseblätter

Zeitbedarf

- 15 Minuten

So geht's

1. Mit dem Finger über das Lachsfilet streifen. Falls dabei Gräten zu spüren sind, diese mit einer Pinzette vorsichtig herausziehen. Den Lachs in knapp 1 cm große Würfel schneiden und diese mit dem Zitronensaft mischen. Den Tofu ebenfalls in knapp 1 cm große Würfel schneiden. Von den Frühlingszwiebeln die Wurzelenden und die welken grünen Teile abschneiden. Die Zwiebeln waschen und in feine Ringe schneiden.
2. Die Brühe in einem Suppentopf erwärmen, aber nicht kochen lassen. Miso gründlich unterrühren. Falls es sich nicht ganz auflöst, die Mischung noch einmal durch ein Sieb gießen.
3. Die Zwiebelringe in die Misosuppe geben und 1 Minute darin bei schwacher Hitze erwärmen und garen. Kochen darf die Suppe nicht, sonst trennen sich Miso und Brühe. Den Lachs und den Tofu in die Suppe geben und alles noch einmal 1 Minute erwärmen.
4. Inzwischen die Brunnenkresse waschen und trocken schütteln. Suppe damit bestreuen und heiß servieren.

DIE VARIANTE | DASHIBRÜHE

1 Stück Kombu (Seetang, ca. 10 g), 2 getrocknete Shiitake-Pilze, Bonitoflocken (getrocknete Thunfischspäne, ca. 20 g) Seetang und Pilze mit der Küchenschere in Stücke schneiden. Beides mit 900 ml Wasser in einem Topf zum Kochen bringen und neben dem Herd kurz ziehen lassen, bis es nicht mehr kocht. Kombu und Pilze mit dem Schaumlöffel herausheben. Bonitoflocken in die Brühe rühren, nochmals aufkochen und neben dem Herd ziehen lassen. Abgießen und für asiatische Suppen verwenden.

KLARE BRÜHE

ENERGIESPENDER

mit Kräuterpfannkuchen

PFANNKUCHEN IN DER SUPPE SCHMECKEN EINFACH KÖSTLICH UND SIND IN BEGLEITUNG VON KRÄUTERN UND GEMÜSE EIN ECHTER FITMACHER.

Zutaten für 4 Portionen

- 150 g Mehl
- Salz
- ¼ l Milch
- 2 Eier (Größe M)
- je 1 Handvoll Kerbel und Bärlauch
- je ½ Bund Dill, Schnittlauch und Brunnenkresse
- 4 Frühlingszwiebeln
- 100 g Zuckerschoten
- 2 zarte Möhren
- 2 EL Butter
- 2 EL neutrales Öl
- 100 g entpalte Erbsen (TK oder ca. 350 g frische Schoten)
- 1 l Gemüsebrühe (s. Seite 14/15)

Zeitbedarf

- 30 Minuten quellen
- 20 Minuten

So geht's

1. Mehl mit 1 TL Salz, Milch und Eiern mit dem Schneebesen zu einem dünnen Teig verrühren und ca. 30 Minuten quellen lassen.
2. Inzwischen die Kräuter kalt abbrausen und trocken schütteln, dicke Stiele entfernen. 1 EL Kräuter beiseitelegen, die übrigen Kräuter fein hacken. Die Frühlingszwiebeln waschen, putzen und in feine Ringe schneiden. Die Zuckerschoten waschen und die Enden abschneiden. Falls sich dabei Fäden lösen, diese abziehen. Die Schoten schräg in ca. 2 cm breite Stücke schneiden. Möhren waschen und putzen, schälen und in feine Scheiben hobeln.
3. Die gehackten Kräuter und die Hälfte der Zwiebeln unter den Pfannkuchenteig rühren. Je 1 TL Butter und Öl in einer Pfanne erhitzen. 1 Schöpfkelle Teig hineingeben und durch Schwenken der Pfanne gleichmäßig darin verteilen. Bei mittlerer Hitze ca. 1 Minute backen, wenden und eine weitere Minute backen. Auf einen Teller legen. Nach und nach aus dem übrigen Teig weitere Pfannkuchen backen.
4. Die übrige Butter und das restliche Öl in einem Suppentopf erhitzen. Die restlichen Zwiebelringe, Zuckerschoten, Möhren und Erbsen bei mittlerer Hitze 1 – 2 Minuten darin andünsten. Die Brühe angießen und zum Kochen bringen. Etwa 4 Minuten köcheln lassen, bis das Gemüse bissfest ist.
5. Inzwischen die Pfannkuchen in Streifen schneiden und in eine vorgewärmte Suppenschüssel geben. Die beiseitegelegten Kräuter fein schneiden. Die heiße Suppe über die Pfannkuchenstreifen schöpfen. Kurz stehen und heiß werden lassen, dann mit den Kräutern bestreut servieren.

ASIA-BRÜHE

WECKT LEBENSGEISTER

mit Eierstich und Reisnudeln

WÜRZIGER EIERSTICH MIT GEMÜSE UND NUDELN IN DER BRÜHE SERVIERT. DAS BELEBT DEN KÖRPER UND ERFREUT NEBENBEI AUCH NOCH DAS AUGE.

Zutaten für 4 Portionen

- ½ Bund Koriander
- 1 Stück frischer Ingwer (ca. 1 cm)
- 4 Eier (Größe M)
- 80 ml Milch
- ½ TL Chiliflocken, Salz
- Sesamöl für die Form
- 150 g feine Reisnudeln
- 2 junge Möhren
- 150 g Zuckerschoten
- ¾ l Gemüsebrühe (s. Seite 14/15)
- 2 EL Sojasauce
- 1 EL Limetten- oder Zitronensaft
- einige Korianderblättchen zum Garnieren

besonderes Werkzeug

- eckige hitzefeste Form (ca. 15 x 15 cm)

Zeitbedarf

- 25 Minuten
- 30 Minuten garen

So geht's

1. Für den Eierstich den Koriander abbrausen und trocken schütteln, Blättchen abzupfen und fein hacken. Den Ingwer schälen und durch die Knoblauchpresse drücken. Die Eier mit der Milch und den Chiliflocken verquirlen. Koriander und Ingwer untermischen und die Eiermasse salzen.
2. Die hitzefeste Form mit Sesamöl ausstreichen. Einen Topf, der groß genug für die Form ist, ca. 5 cm hoch mit Wasser füllen und dieses zum Kochen bringen. Die Eiermasse in die Form gießen und mit Alufolie abdecken. Die Form ins Wasser setzen. Die Eiermasse im Wasserbad bei sehr schwacher Hitze zugedeckt ca. 30 Minuten garen, bis sie gestockt ist.
3. Die Form aus dem Topf heben und lauwarm abkühlen lassen. Inzwischen die Reisnudeln in leicht gesalzenem Wasser in etwa 4 Minuten bissfest kochen. Kalt abschrecken und abtropfen lassen.
4. Die Möhren schälen und in dünne Scheiben schneiden. Die Zuckerschoten waschen und die Enden abschneiden. Falls sich dabei Fäden lösen, diese abziehen. Die Schoten leicht schräg in ca. 2 cm breite Stücke schneiden.
5. Die Gemüsebrühe in einem Suppentopf erhitzen und das Gemüse darin in etwa 4 Minuten bissfest kochen. Die Nudeln untermischen und heiß werden lassen. Die Suppe mit der Sojasauce und dem Limetten- oder Zitronensaft abschmecken.
6. Den Eierstich aus der Form stürzen und in ca. 1 cm große Würfel schneiden. Auf Suppenschalen oder -tellern verteilen und mit der heißen Suppe übergießen. Kurz stehen und heiß werden lassen, dann mit Korianderblättchen bestreut servieren.

[a]

DAS IST *wirklich* WICHTIG

[a] MEHL ANSCHWITZEN Lassen Sie sich dafür ausreichend Zeit, denn nur dann verschwindet der Mehlgeschmack und die Mehlschwitze entfaltet Bindekraft und viel Aroma. Ständig rühren, bis das Mehl goldgelb aussieht.

GRÜNE SUPPE *mit Radieschenblättern*

MACHT GUTE LAUNE

IN DER KRÄUTERHEILKUNDE SAGT MAN DEN RADIESCHEN NACH, DASS SIE DIE STIMMUNG HEBEN. PROBIEREN SIE ES AUS …

Zutaten für 4 Portionen

- 2 Bund Radieschen mit schönen knackigen Blättern
- 200 g Crème fraîche
- 2 Schalotten
- 1 EL Butter
- 1 EL Mehl
- ¾ l Gemüsebrühe (s. Seite 14/15)
- 1 Bund Schnittlauch
- 150 g körniger Frischkäse
- Salz, Pfeffer aus der Mühle

besonderes Werkzeug

- Pürierstab

Zeitbedarf

- 25 Minuten

So geht's

1. Die Radieschen mit den Blättern gründlich kalt abbrausen. Etwa ¼ der Blätter und 4 Radieschen beiseite legen. Von den übrigen Radieschen die Wurzelenden abschneiden. Die Radieschen und die Blätter grob hacken und mit der Crème fraîche fein pürieren. Die Schalotten schälen und fein würfeln.
2. Die Butter im Suppentopf bei schwacher Hitze schmelzen, aber nicht braun werden lassen. Die Schalotten darin unter Rühren bei mittlerer Hitze glasig dünsten. Das Mehl darüberstäuben und unter Rühren bei schwacher bis mittlerer Hitze anschwitzen **[→a]**.
3. Die Brühe angießen, gründlich unterrühren und zum Kochen bringen. Das Radieschenpüree untermischen und die Suppe offen bei mittlerer bis schwacher Hitze etwa 10 Minuten köcheln lassen.
4. Inzwischen die restlichen Radieschenblätter in feine Streifen und die Radieschen in hauchdünne Scheiben schneiden. Den Schnittlauch waschen, trocken schütteln und in feine Röllchen schneiden. Den Schnittlauch und die Radieschenblätterstreifen mit dem Frischkäse mischen, leicht salzen.
5. Die Suppe mit Salz und Pfeffer abschmecken und auf vorgewärmten Suppentellern verteilen. Mit den Radieschenscheiben garnieren und zusammen mit dem Frischkäse servieren.

SPINATCREME

VERTREIBT MÜDIGKEIT

mit frittierten Eiern

DER KRÄFTIG GRÜNE SPINAT ENTHÄLT VIEL FOLSÄURE, DIE FÜR DIE ZELLERNEUERUNG WICHTIG IST UND UNS SO IN SCHWUNG BRINGT.

Zutaten für 4 Portionen

- 500 g zarter Blattspinat
- 1 mehligkochende Kartoffel (etwa 150 g)
- 4 Knoblauchzehen
- 2 EL Butter
- 800 ml Gemüsebrühe (s. Seite 14/15)
- 150 g Mascarpone
- Salz, Pfeffer aus der Mühle
- ½ l neutrales Öl oder Pflanzenfett
- 4 Eier (Größe M)

besonderes Werkzeug

- Pürierstab

Zeitbedarf

- 35 Minuten

So geht's

1. Den Spinat von allen welken Blättern und den dicken Stielen befreien und in stehendem kalten Wasser mehrmals gründlich waschen, bis das Wasser sauber bleibt. Spinat abtropfen lassen und fein hacken. Die Kartoffel schälen, waschen und fein raspeln. Den Knoblauch schälen und fein hacken.
2. Die Butter im Suppentopf zerlassen. Kartoffel, Spinat und Knoblauch darin andünsten. Die Brühe angießen und erhitzen. Die Suppe zugedeckt bei mittlerer Hitze etwa 10 Minuten garen, bis die Kartoffelraspel gut weich sind.
3. Dann den Mascarpone untermischen und die Suppe mit dem Pürierstab gut durchmixen. Mit Salz und Pfeffer abschmecken und zugedeckt warm halten.
4. Das Öl im Wok oder in einem Topf erhitzen. Die Eier einzeln in eine Schöpfkelle aufschlagen, ins heiße Fett gleiten lassen und etwa 2 Minuten darin frittieren [→a]. Mit dem Schaumlöffel herausheben, abtropfen und auf einer dicken Lage Küchenpapier entfetten lassen. Die übrigen Eier ebenso frittieren.
5. Jeweils 1 Ei in einen vorgewärmten tiefen Teller legen und die Spinatsuppe darüberschöpfen. Heiß servieren.

DAS KÜCHENGEHEIMNIS | BINDEN MIT KARTOFELN **Die Stärke einer kleinen Kartoffel reicht aus, um einem ganzen Topf Suppe die nötige Bindung zu geben. Am meisten Stärke enthalten mehligkochende Kartoffeln, aber Sie können auch vorwiegend festkochende Sorten verwenden.**

[a]

DAS IST *wirklich* WICHTIG

[a] EIER FRITTIEREN Nacheinander je 1 Ei in einer Schöpfkelle aufschlagen und von der Kelle langsam und vorsichtig ins heiße Fett gleiten lassen. Vorsicht: Es kann spritzen! Erst wenn das eine Ei in etwa 2 Minuten fertig frittiert ist, kommt das nächste Ei ins Öl.

BÄRLAUCHSUPPE

ALLESKÖNNER

mit Zitrone

BÄRLAUCH IST EIN RICHTIGER TAUSENDSASSA: ER SENKT DEN BLUTDRUCK, FÖRDERT DIE VERDAUUNG UND SCHÜTZT VOR ARTERIOSKLEROSE.

Zutaten für 4 Portionen

- 150 g Bärlauch
- 150 g kleine Egerlinge oder Champignons
- 3 Frühlingszwiebeln
- 4 EL Pinienkerne
- ½ Bio-Zitrone
- 2 EL Olivenöl
- je 1 TL rosenscharfes und edelsüßes Paprikapulver, gemahlener Kreuzkümmel, gemahlener Koriander, Ras-el-Hanout (marokkanische Gewürzmischung)
- 800 ml Gemüsebrühe (s. Seite 14/15)
- Salz, Pfeffer aus der Mühle
- Schafskäse (Feta) als Topping nach Belieben

Zeitbedarf

- 25 Minuten

So geht's

1. Den Bärlauch gründlich waschen, trocken schütteln und fein hacken. Die Pilze mit einem feuchten Küchenpapier sauber abreiben und die Stielenden abschneiden. Die Pilze je nach Größe halbieren oder vierteln. Von den Frühlingszwiebeln die Wurzelenden und die welken grünen Teile abschneiden. Die Zwiebeln waschen und in feine Ringe schneiden.
2. Die Pinienkerne in einer Pfanne ohne Fett unter Rühren bei mittlerer Hitze goldgelb werden lassen, auf einen Teller geben und beiseitestellen. Die Zitronenhälfte waschen und abtrocknen, die Schale fein abreiben und den Saft auspressen.
3. Das Öl in einem Suppentopf erhitzen. Die Zwiebelringe und die Pilze darin unter Rühren bei mittlerer Hitze 2–3 Minuten andünsten. Die Gewürze darüberstreuen und unter Rühren gut anbraten. Mit der Gemüsebrühe aufgießen. Die Brühe zum Kochen bringen und die Suppe offen etwa 5 Minuten köcheln lassen.
4. Den Bärlauch mit der Zitronenschale und 1 EL Zitronensaft dazugeben und die Blätter nur zusammenfallen lassen. Die Suppe mit Salz und Pfeffer und nach Belieben noch etwas Zitronensaft abschmecken und auf vorgewärmten Tellern verteilen. Mit Pinienkernen und nach Belieben fein zerkrümeltem Schafskäse bestreuen und servieren.

Dazu schmeckt Fladenbrot.

KRESSESUPPE

KRAFTPAKET

mit Polenta-Käse-Nockerl

KRESSE GILT ALS NATÜRLICHES ANTIBIOTIKUM – DIESE FEINE SUPPE MIT DEN SÄTTIGENDEN KLÖSSCHEN HÄLT LETZTE GRIPPEATTACKEN FERN.

Zutaten für 4 Portionen

- 50 g weiche Butter
- 1 EL Quark, 1 Ei (Größe M)
- 100 g Polenta
- 40 g frisch geriebener Parmesan
- Salz, Pfeffer aus der Mühle
- 1 junger Kohlrabi mit Blättern
- 2 Bund Brunnenkresse
- 2 Kästchen Gartenkresse
- 2 Schalotten
- 1 kleine Kartoffel (mehligk.)
- 1 EL Butter
- 1 l Gemüsebrühe (s. Seite 14/15)
- 1 sehr frisches Eigelb (Größe M)
- 125 g saure Sahne
- Kresseblättchen zum Garnieren

besonderes Werkzeug
- Pürierstab

Zeitbedarf
- 50 Minuten

So geht's

1. Für die Nockerl die Butter mit dem Quark hellcremig schlagen. Das Ei unterrühren. Die Polenta und den Parmesan untermischen und die Masse mit Salz und Pfeffer abschmecken. Etwa 15 Minuten quellen lassen.
2. Inzwischen für die Suppe die schönen Blätter vom Kohlrabi ablösen, waschen und in feine Streifen schneiden. Den Kohlrabi schälen und in kleine Würfel schneiden. Die Brunnenkresse waschen, trocken schütteln, dicke Stiele abknipsen und die Blätter fein hacken. Die Gartenkresse mit der Küchenschere vom Beet schneiden. Die Schalotten schälen und klein würfeln. Die Kartoffel schälen und fein reiben.
3. Reichlich Wasser mit Salz aufkochen. Aus der Polentamasse mit zwei Teelöffeln Nockerl formen (s. Seite 64/65) und ins Wasser geben. Die Klößchen in etwa 10 Minuten in nur leicht siedendem Wasser und bei halb aufgelegtem Deckel gar ziehen lassen.
4. Währenddessen 1 EL Butter in einem Suppentopf zerlassen. Schalotten, Kartoffel und den Kohlrabi mit den Blättern darin bei mittlerer Hitze 1–2 Minuten andünsten. Die Brühe angießen und zum Kochen bringen. Die Suppe zugedeckt bei mittlerer Hitze 10–15 Minuten köcheln lassen, bis der Kohlrabi weich ist.
5. Das Eigelb mit der sauren Sahne verquirlen. Die Suppe vom Herd nehmen und im Topf fein pürieren. Beide Kressesorten untermischen und die Suppe nochmals durchmixen. Dann die Eigelbsahne mit dem Pürierstab unter die Suppe schlagen.
6. Die Suppe mit Salz und Pfeffer abschmecken und auf tiefen Tellern verteilen. Die Polenta-Nockerl mit einem Schaumlöffel aus dem Wasser heben, abtropfen lassen und in die Suppe setzen. Mit einigen Kresseblättchen garnieren.

GEMÜSESUPPE *mit Ziegenfrischkäse*

BESONDERS VITAMINREICH

EINE BUNT GEMISCHTE FRÜHLINGSSUPPE NACH ART EINER MINESTRONE, DIE MIT JEDER MENGE VITAMINEN UND MINERALSTOFFEN BELEBT UND BESCHWINGT.

Zutaten für 4 Portionen

- 800 g gemischtes Frühlingsgemüse (z. B. grüner Spargel, Möhren, dicke Bohnen, Erbsen, weiße Rübchen, Zuckerschoten, Spinat)
- 1 festkochende Kartoffel (etwa 150 g)
- 2 Frühlingszwiebeln
- 2 Knoblauchzehen
- 1 Handvoll Frühlingskräuter (z. B. Bärlauch, Kerbel, Löwenzahn, Borretsch, Radieschenblätter)
- 1 EL Butter oder Öl
- 1 l Gemüsebrühe (s. Seite 14/15)
- 1 Stück Parmesan- oder Pecorinorinde, falls vorhanden
- 1 Stück Bio-Zitronenschale (etwa 1 cm)
- 150 g Ziegenfrischkäse
- Salz, Pfeffer aus der Mühle

Zeitbedarf

- 35 Minuten

So geht's

1. Das Gemüse und die Kartoffel waschen oder schälen, putzen und in kleine mundgerechte Stücke schneiden bzw. grob hacken (Spinat). Von den Frühlingszwiebeln die Wurzelenden abschneiden und welke Teile entfernen. Die Zwiebeln waschen und in feine Ringe schneiden. Den Knoblauch schälen und fein hacken. Die Kräuter kalt abbrausen und trocken schütteln. Von den dicken Stielen befreien und fein schneiden.
2. Die Butter oder das Öl im Suppentopf erhitzen. Die Zwiebelringe und den Knoblauch darin andünsten. Die Gemüsebrühe zugießen und zum Kochen bringen. Die Kartoffel und das Gemüse außer dem Spinat dazugeben, eventuell auch die Käserinde einlegen.
3. Die Suppe bei halb aufgelegtem Deckel bei mittlerer Hitze etwa 10 Minuten köcheln lassen, bis das Gemüse bissfest ist.
4. Inzwischen die Zitronenschale sehr fein hacken und mit 1 TL gehackten Kräutern unter den Ziegenfrischkäse rühren. Den Frischkäse mit Salz und Pfeffer würzen.
5. Den Spinat unter die Suppe rühren und zusammenfallen lassen. Die übrigen Kräuter untermischen und die Suppe mit Salz und Pfeffer abschmecken. Die Suppe auf vorgewärmten Tellern verteilen, mit 2 Teelöffeln vom Frischkäse Nocken abstechen und auf die Gemüsesuppe setzen.

SO SCHMECKT'S AUCH | GEMÜSEVARIATIONEN **Für eine Sommerversion Staudensellerie, grüne Bohnen, Zucchini, Paprika, Fenchel und Mangold nehmen. Im Herbst schmecken Kürbis, Wirsing oder Spitzkohl, Wurzelspinat und Pilze. Statt der Kartoffel passen dazu auch gegarte weiße oder rote Bohnen. Und im Winter eine Mischung aus verschiedenen Kohlsorten wie Rosenkohl und Weißkohl, Schwarzwurzeln oder gelben Beten, Topinambur und eventuell Winterrettich verwenden.**

SCHLANKMACHER

EIERFLAUMSUPPE
mit frischen Erbsen

WUNDERBAR SÄMIG UND TROTZDEM SCHÖN LEICHT – EINE SUPPE ZUM SATTESSEN, DIE NICHT BELASTET.

Zutaten für 4 Portionen

- 1 Bund Frühlingszwiebeln
- 1 Handvoll Kerbel
- 2 Eier (Größe M)
- knapp 1 EL Mehl
- 1 l Gemüsebrühe (Seite 14/15)
- Salz, Pfeffer aus der Mühle
- 1 EL Butter
- 400 g gepalte Erbsen (TK oder ca. 1 kg frische Schoten)

Zeitbedarf

- 25 Minuten

So geht's

1. Von den Frühlingszwiebeln die Wurzelenden und die welken grünen Teile abschneiden. Die Zwiebeln waschen und in feine Ringe schneiden. Den Kerbel waschen und trocken schütteln, die Blättchen abzupfen und fein hacken. Frische Erbsen palen **[→a]**.
2. Die Eier in einem hohen Gefäß mit dem Mehl, der Hälfte des Kerbels und 2 EL Brühe gut verquirlen und mit Salz und Pfeffer abschmecken.
3. Die Butter im Suppentopf erhitzen, die Zwiebelringe mit den Erbsen darin andünsten. Die restliche Brühe angießen und zum Kochen bringen. Offen bei mittlerer Hitze köcheln lassen, bis die Erbsen bissfest sind. Bei frischen Erbsen dauert das 5–8 Minuten, bei TK-Erbsen etwa 2 Minuten.
4. Die Eiermasse unter leichtem Rühren in die Suppe laufen lassen. Einmal aufkochen, dann gleich vom Herd ziehen. Die Suppe mit Salz und Pfeffer abschmecken und mit dem übrigen Kerbel bestreut servieren.

DIE VARIANTE | ZUPPA PAVESE

4 Portionen Suppe wie im Rezept oben, 6 Scheiben Toastbrot, 4 EL Butter, 4 Eier, 8 EL Parmesan Die Toastbrotscheiben diagonal halbieren, die Butter zerlassen und das Brot darin knusprig braten. Jeweils 3 Dreiecke in vorgewärmte Suppenteller legen, je 1 Ei darüber aufschlagen und mit je 2 EL Parmesan betreuen. Die heiße Suppe vorsichtig darüberschöpfen, kurz stehen lassen und servieren.

[a]

DAS IST *wirklich* WICHTIG

[a] FRISCHE ERBSEN VORBEREITEN
Drücken Sie mit den Fingern auf die Nahtstellen der Hülsen. Sie brechen auf und Sie können die Erbsen aus den Hälften streifen. Um 400 g Erbsen zu bekommen, müssen Sie übrigens gut 1 kg Erbsenschoten kaufen.

DAS IST *wirklich* WICHTIG

[a] ÖL ERHITZEN Das Öl zum Frittieren muss richtig heiß sein, damit die Bällchen knusprig werden, ohne Fett aufzusaugen. Zum Testen einen hölzernen Kochlöffelstiel ins heiße Fett tauchen. Bilden sich rundherum gleich viele kleine Bläschen, ist die Temperatur ausreichend hoch. Wer ein Digitalthermometer hat: 160 – 170 °C sollte das Fett haben.

[a]

GIBT SCHWUNG

RHABARBERSUPPE

mit frittierten Reisbällchen

DIE OXALSÄURE IM RHABARER IST EIN KALZIUMRÄUBER. DOCH MIT DER MILCH IN DEN REISBÄLLCHEN GLEICHEN SIE DAS WIEDER AUS.

Zutaten für 4 Portionen

Für die Reisbällchen

- 100 g Rundkornreis
- ¼ l Milch
- 2 Päckchen Vanillezucker
- 1 Prise Salz
- 2 Eier (Größe M)
- 3 EL Semmelbrösel
- ½ l neutrales Öl oder 500 g Fett zum Frittieren

Für die Suppe

- 400 g Rhabarber
- 1 EL Butter
- ½ l Rhabarber- oder Cranberrysaft (Getränkeladen)
- ca. 80 g Zucker

besonderes Werkzeug

- Pürierstab

Zeitbedarf

- 1 Stunde

So geht's

1. Den Reis mit der Milch, dem Vanillezucker und dem Salz erhitzen und bei schwacher Hitze zugedeckt in 20–30 Minuten ausquellen lassen. Ab und zu umrühren und bei Bedarf noch etwas mehr Flüssigkeit (Milch oder Wasser) zugießen. Den Reis in eine Schüssel füllen und abkühlen lassen.
2. Inzwischen den Rhabarber waschen und die Enden abschneiden. Wenn sich dabei Fäden oder größere Hautteile lösen, diese abziehen. Den Rhabarber in dünne Scheiben schneiden.
3. Die Butter im Suppentopf zerlassen, den Rhabarber darin andünsten. Den Saft und 150 ml Wasser zugießen, den Zucker untermischen und die Suppe offen bei mittlerer Hitze etwa 10 Minuten köcheln lassen, bis der Rhabarber weich ist.
4. Für die Reisbällchen 1 Ei und 1 EL Semmelbrösel unter den abgekühlten Reis mischen. Aus der Masse mit feuchten Händen walnussgroße Bällchen formen. Fett in einem Topf erhitzen [→a].
5. Die Suppe im Topf pürieren, abschmecken und warm halten.
6. Das zweite Ei verquirlen. Die Reisbällchen zuerst im Ei, dann in den übrigen Semmelbröseln wenden und portionsweise im heißen Fett etwa 3 Minuten frittieren. Mit dem Schaumlöffel herausheben und auf einer dicken Lage Küchenpapier entfetten. Wenn alle Bällchen frittiert sind, die Suppe auf Tellern verteilen und jeweils einige Reisbällchen hineinsetzen.

SONNENWARM
und erfrischend

VON DER SONNE VERWÖHNTE TOMATEN, KNACKIGE GURKEN, PAPRIKA UND ZUCCHINI, GLÄNZENDE AUBERGINEN UND PRALLER FRISCHER KNOBLAUCH – DIE BUNTE VIELFALT DES SOMMERS SPIELT JETZT AUCH IM SUPPENTOPF DIE HAUPTROLLE, GIBT UNS VERSCHWENDERISCH VON IHRER LEBENSFREUDE AB – UND MACHT GLÜCKLICH.

KALTE GURKENSUPPE
GAZPACHO

SOMMERSUPPEN

bunt, abwechslungsreich und aromatisch

ENDLICH – DER SOMMER IST DA! FÜR VIELE DIE SCHÖNSTE ZEIT DES JAHRES. UND WAS TUT SICH JETZT IM SUPPENTOPF?

VIEL FLÜSSIGKEIT FÜRS WOHLGEFÜHL

Ist es draußen richtig heiß, muss sich der Körper kühlen. Und er hat dafür eine perfekte Methode: Er schwitzt, kühlt sich also durch Verdunsten von Flüssigkeit ab. Und die muss man – damit man sich rundum wohl fühlt – wieder ersetzen. Denn fehlt die Flüssigkeit im Körper, funktioniert er nicht mehr reibungslos, die Leistungsfähigkeit nimmt ab. Und so können aus der empfohlenen Trinkmenge von zwei Litern an heißen Tagen auch schnell einmal vier werden. Und das ist eine ganze Menge! Wer die nur mit Wasser zusammenbekommen will, findet das sicher ziemlich schnell recht eintönig und mühsam. Besser Sie setzen auf einen Mix aus Wasser, verdünnten Säften und flüssigkeitshaltiger Nahrung, zum Beispiel auf eine der Suppen in diesem sommerlichen Kapitel. Solche Gerichte sorgen nicht nur für ausreichend Flüssigkeit, sondern liefern auch einiges an Mineralstoffen und Spurenelementen, die beim Schwitzen ebenfalls verloren gehen.

DIE SONNE GENIESSEN

Sonnenbaden tut Körper und Seele gut. Vorausgesetzt, man schützt seine Haut ausreichend mit Sonnencreme und übertreibt das Bad in der Sonne nicht. Zusätzlich können Sie auch von innen heraus dafür sorgen, dass die Sonne Ihnen und Ihrem Körper wirklich gut tut. Bei jedem Sonnenbad bilden sich so genannte freie Radikale, eine Reihe von Substanzen, die unsere Körperzellen angreifen können. Vitamine – vor allem Vitamin E, C und Beta-Carotin (Provitamin A) – können diese Substanzen aber entschärfen. Gut, dass gerade die Sommermonate uns eine ganze Menge an Gemüse und Obst bieten, mit denen wir den täglichen Bedarf an diesen Vitaminen problemlos decken können.

Vitamin E steckt vor allem in Nüssen und Kernen, aber auch in roten Beeren. Bei den Gemüsesorten punktet hier vor allem die rote Paprikaschote. Und auch beim Vitamin C liegt sie unter den Spitzenreitern. Dazu gesellen sich schwarze Johannisbeeren und Erdbeeren, aber auch Tomaten, Kohlrabi und Fenchel haben eine ganze Menge Vitamin C zu bieten. Übrigens geht Vitamin C beim Erhitzen teilweise verloren – Grund genug, öfter mal eine kalte Suppe zu essen oder sich die Beerenkaltschale schmecken zu lassen.

Besonders viel Beta-Carotin enthalten nicht nur Karotten, sondern auch Fenchel, Spinat, rote Paprika, grüne Bohnen und Tomaten, beim Obst gewinnen Melone, Aprikosen und Pflaumen.

GURKENSUPPE

WUNDERBAR ERFRISCHEND

mit Dill-Pistou

GURKEN BESTEHEN ZUM GROSSTEIL AUS WASSER. GENAU DAS RICHTIGE, UM DEN FLÜSSIGKEITSHAUSHALT AN EINEM HEISSEN TAG AUSZUGLEICHEN.

Zutaten für 4 Portionen

- 2 Salatgurken (ca. 700 g)
- 1 milde rote Zwiebel
- 2 Knoblauchzehen
- 250 g Naturjoghurt (3,5 % Fett)
- 150 g Crème fraîche
- ¼ l Gemüsebrühe
- 1 EL frisch gepresster Zitronensaft
- 1 TL gemahlener Koriander
- Salz, Pfeffer aus der Mühle
- 1 Tomate
- 1 großes Bund Dill
- 4 EL Rapsöl
- 2 EL frisch geriebener Pecorino oder Manchego

besonderes Werkzeug

- Mixer
- Pürierstab

Zeitbedarf

- 30 Minuten
- mind. 1 Stunde kühlen

So geht's

1. Die Gurken schälen und die Enden abschneiden. Die Gurken der Länge nach halbieren und mit einem Teelöffel die Kerne herauskratzen. Die Gurken grob würfeln. Die Zwiebel und den Knoblauch schälen und beides grob würfeln.
2. Gurken, Zwiebel und Knoblauch im Mixer fein zerkleinern. Joghurt, Crème fraîche und Brühe dazugeben und alles weiter mixen, bis eine cremige, schaumige Suppe entstanden ist. Die Suppe mit Zitronensaft, Koriander, Salz und Pfeffer abschmecken und mindestens 1 Stunde kühl stellen.
3. Inzwischen den Stielansatz der Tomate keilförmig herausschneiden. Die Tomate in einer Schüssel mit kochendem Wasser überbrühen, kurz ziehen lassen, bis die Haut anfängt sich zu lösen, dann abschrecken und die Haut abziehen. Die Tomate würfeln. Den Dill kalt abbrausen und trocken tupfen. Die Spitzen von den Stielen abzupfen und grob hacken.
4. Für das Pistou Tomate, Dill und Öl in einen hohen Rührbecher geben und fein pürieren. Den Käse untermischen und alles mit Salz und Pfeffer abschmecken. Die gut gekühlte Suppe noch einmal durchrühren und mit dem Pistou servieren.

Dazu schmeckt frisch geröstetes Toastbrot.

SO SCHMECKT'S AUCH | ALS BROTAUFSTRICH **Das Pistou ist auch ein toller Aufstrich auf geröstetem Brot, das Sie zum Aperitif oder auch als Ergänzung zur Suppe reichen können.**

GAZPACHO

AKTIVIERT SELBSTHEILUNG

mit knusprigen Brotwürfeln

SONNENSCHUTZ VON INNEN. DER ROTE FARBSTOFF AUS TOMATEN UND PAPRIKA BEWAHRT DIE ZELLEN VOR SCHÄDEN DURCH ZU VIEL SONNE.

Zutaten für 4 Portionen

- 4 Scheiben Toastbrot
- 1 milde weiße Zwiebel
- 2 Knoblauchzehen
- 500 g Tomaten
- 1 Salatgurke
- 1 rote Paprikaschote
- 6 EL Olivenöl
- 1 EL Rotweinessig
- ½ Bund Petersilie
- Salz, Pfeffer aus der Mühle

besonderes Werkzeug
- Pürierstab

Zeitbedarf
- 35 Minuten
- mind. 1 Stunde kühlen

So geht's

1. 2 Scheiben Toastbrot in lauwarmem Wasser einweichen. Die Zwiebel und den Knoblauch schälen und fein würfeln. Tomaten, Salatgurke und Paprika waschen, putzen und klein würfeln. Je 1 EL Tomaten- und Paprikawürfel abgedeckt beiseitestellen.
2. Das Brot ausdrücken und mit Zwiebel, Knoblauch, übrigem Gemüse, 4 EL Olivenöl und Essig in einer Schüssel fein pürieren.
3. Die Petersilie abbrausen und trocken schütteln. Die Blättchen abzupfen, fein hacken und unter die Suppe mischen. Die Suppe salzen und pfeffern und mindestens 1 Stunde kalt stellen.
4. Kurz vor dem Servieren das übrige Toastbrot würfeln. Das restliche Olivenöl in einer Pfanne erhitzen und die Brotwürfel darin bei mittlerer Hitze knusprig und goldgelb braten. Die gekühlte Suppe nochmals abschmecken und auf Tellern oder Suppentassen verteilen. Mit Brotwürfeln und den übrigen Tomaten- und Paprikawürfeln bestreut servieren.

DAS KÜCHENGEHEIMNIS | MIT GARNELEN **Statt der Brotwürfel können Sie auch gebratene Garnelen (s. Rezept Seite 128) auf der erfrischenden, typisch spanischen Suppe anrichten.**

KRÄUTERPASTEN

für noch mehr Geschmack

DIESE PASTEN AUS WÜRZIGEN ZUTATEN SIND SCHNELL GERÜHRT UND GEBEN VIELEN SUPPEN NOCH DAS GEWISSE EXTRA.

KAPERN-ZITRONEN-PASTE

1 Bio-Zitrone, 5 Stängel Petersilie, 50 g Schafskäse (Feta), 75 g Kapern, 4 EL Olivenöl, 1 Msp. flüssiger Honig, Salz, Pfeffer aus der Mühle

So geht's: Die Zitrone heiß waschen und abtrocknen, die Schale fein abreiben. Die Petersilie abbrausen und trocken schütteln, die Blättchen abzupfen und hacken. Den Käse zerkrümeln. Die Kapern abtropfen lassen und mit Petersilie, Käse und Olivenöl fein pürieren. Die Zitronenschale untermischen und die Paste mit Honig, Salz und Pfeffer abschmecken.

Passt zu: Joghurtsuppe mit Auberginen (s. Seite 55), aber auch zu allen gemischten Gemüsesuppen – egal, ob kalt oder warm.

TOMATEN-OLIVEN-PASTE

100 g getrocknete, in Öl eingelegte Tomaten, 50 g schwarze Oliven, 5 Stängel Petersilie, 1 Knoblauchzehe, 1 EL Kapern, 50 g Pinienkerne, 4 EL Olivenöl, 2 EL frisch geriebener Parmesan oder Pecorino, Salz, Chilipulver

So geht's: Die Tomaten abtropfen lassen und grob hacken. Das Olivenfleisch von den Steinen schneiden. Die Petersilie abbrausen und trocken schütteln, die Blättchen abzupfen und mit dem geschälten Knoblauch grob hacken. Tomaten, Oliven, Petersilie, Knoblauch und Kapern mit Pinienkernen und Olivenöl im Mixer fein pürieren. Den Käse untermischen und die Paste mit Salz und Chilipulver würzig abschmecken.

Passt zu: Knoblauchsuppe (s. Seite 58/59) und zu allen Gemüsesuppen – auch zur Winterminestrone von Seite 122/123.

BASILIKUM-PESTO

50 g Pinienkerne, 2 Bund Basilikum, 8 EL Olivenöl, 3 EL frisch geriebener Parmesan oder Pecorino, Salz, Pfeffer aus der Mühle

So geht's: Die Pinienkerne in einer kleinen Pfanne ohne Fett bei mittlerer Hitze unter Rühren in 1–2 Minuten goldgelb rösten. Auf einem Teller beiseitestellen. Basilikum abbrausen und trocken schütteln. Die Blättchen abzupfen und fein hacken. Basilikum mit Pinienkernen und Olivenöl in einem Mixer fein pürieren. Den Käse untermischen und das Pesto mit Salz und Pfeffer abschmecken.

Passt zu: Warmen und kalten Gemüsesuppen, aber auch zu Fischsuppen.

Varianten: Pesto aus Petersilie, Kürbiskernen und Kürbiskernöl oder Minze, Mandeln und Olivenöl oder Schnittlauch, Haselnüssen, etwas frisch abgeriebener Zitronenschale und Rapsöl oder Kresse, Sonnenblumenkernen und Sonnenblumenöl.

ZITRONENGRAS-KOKOS-PASTE

1 Stange Zitronengras, ½ Bio-Zitrone, 1 Stück frischer Ingwer (ca. 3 cm), 1 kleine rote Chilischote, ½ Bund Koriander, 6 EL neutrales Öl, 2 TL brauner Zucker, 2 EL Kokosflocken, Salz

So geht's: Das Zitronengras waschen, das untere Wurzelende und den oberen holzigen grünen Teil abschneiden. Die äußere welke und holzige Schicht ebenfalls entfernen. Den Rest fein hacken. Die Zitronenhälfte waschen und abtrocknen. Die Schale fein abreiben, den Saft auspressen. Den Ingwer schälen. Die Chilischote waschen und putzen. Beides in grobe Stücke schneiden. Koriander abbrausen und trocken schütteln, die Blättchen abzupfen und hacken. Zitronengras, Zitronenschale, Ingwer, Chili und Koriander mit Öl und Zucker fein pürieren. Die Kokosflocken unterrühren und die Paste mit 2 TL Zitronensaft und etwas Salz abschmecken.

Passt zu: Allen Asia-Suppen in diesem Buch.

GRILLGEMÜSESUPPE

WECKT LEBENSGEISTER

mit Knoblauch-Schafskäse-Joghurt

AUCH MIT RESTEN VOM GRILLABEND MACHT DIESE SUPPE RICHTIG GLÜCKLICH, DENN DAS GEHEIMNIS SIND HIER DIE RÖSTAROMEN.

Zutaten für 4 Portionen

- 1 kleinere Aubergine (etwa 250 g)
- 1 Zucchino (etwa 200 g)
- 1 rote Paprikaschote (etwa 220 g)
- 400 g kleine Tomaten
- 5 EL Olivenöl
- Salz
- 1 mittelgroße rote Zwiebel
- 2 Zweige Rosmarin
- 1 TL Chiliflocken
- 800 ml Gemüsebrühe (s. Seite 14/15)
- 100 g Schafskäse (Feta)
- 2 Knoblauchzehen
- 1 Zweig Minze
- 100 g Joghurt

Zeitbedarf

- 40 Minuten

So geht's

1. Die Aubergine, den Zucchino, die Paprikaschote und die Tomaten waschen und von den Enden, dem Stiel oder den Stielansätzen befreien. Die Aubergine und den Zucchino der Länge nach in dickere Scheiben schneiden. Die Paprika halbieren, putzen und längs in breite Streifen schneiden.
2. Den Backofengrill vorheizen. Das Gemüse mit 3 EL Olivenöl und Salz mischen. Gemüsestücke nebeneinander auf ein mit Backpapier belegtes Backblech legen und etwa 15 Minuten grillen, bis sie schön gebräunt sind, dabei einmal wenden.
3. Das Gemüse lauwarm abkühlen lassen, die Tomatenhäute und die schwarzen Stellen der Paprikahäute entfernen. Das Gemüse mit einem großen, schweren Messer fein hacken.
4. Die Zwiebel schälen, vierteln und in feine Streifen schneiden. Den Rosmarin waschen und trocken schütteln, die Nadeln abzupfen und fein hacken. Das restliche Öl im Suppentopf erhitzen. Die Zwiebelstreifen mit dem Rosmarin und den Chiliflocken darin unter Rühren andünsten. Die Brühe angießen und zum Kochen bringen. Die Suppe zugedeckt etwa 5 Minuten bei mittlerer Hitze köcheln lassen, bis die Zwiebel bissfest ist.
5. Inzwischen den Feta fein zerkrümeln. Den Knoblauch schälen und durch die Presse dazu drücken. Die Minze waschen und trocken schütteln, die Blättchen abzupfen und fein hacken. Mit dem Joghurt zum Feta geben, verrühren und mit Salz abschmecken.
6. Das gehackte Gemüse in die Suppe geben und erhitzen. Die Suppe mit dem würzigen Joghurt servieren.

Dazu schmeckt außerdem Ciabatta oder ein Sesamfladen.

ENERGIESPENDER

BROTSUPPE
aus der Toskana

BROTVERWERTUNG AUF DIE ITALIENISCHE ART – EINE SÄMIGE SUPPE, DIE DURCH SONNENGEREIFTE TOMATEN DIE SOMMERLICHE FRISCHE BEKOMMT.

Zutaten für 4 Portionen

- 150 g altbackenes Weißbrot
- 800 g Tomaten
- 1 großes Bund Basilikum
- 1 Zweig Rosmarin
- 4 Knoblauchzehen
- 1 getrocknete Chilischote
- 4 EL Olivenöl
- Salz, Pfeffer aus der Mühle
- Olivenöl zum Beträufeln

Zeitbedarf
- 45 Minuten

So geht's

1. Das Brot in dünne Scheiben schneiden. Aus den Tomaten den Stielansatz herausschneiden. Die Tomaten mit kochendem Wasser überbrühen, kurz ziehen lassen, kalt abschrecken und häuten. Die Tomaten klein würfeln.
2. Das Basilikum und den Rosmarin waschen und trocken schütteln. Gut die Hälfte der Basilikumblättchen und die Rosmarinnadeln abzupfen und fein schneiden. Den Knoblauch schälen und in feine Scheiben schneiden. Die Chilischote im Mörser zerdrücken.
3. Das Öl im Suppentopf erhitzen. Knoblauch, Kräuter und Chili darin unter Rühren andünsten. Tomaten dazugeben und offen bei mittlerer Hitze etwa 10 Minuten köcheln lassen.
4. Die Brühe angießen und zum Kochen bringen. Das Brot dazugeben und alles weitere 10–15 Minuten garen, bis das Brot zerfallen ist. Die Suppe mit Salz und Pfeffer abschmecken. Vom übriges Basilikum die Blätter abzupfen. Die Suppe auf vorgewärmten Tellern verteilen und mit dem Basilikum bestreuen. Bei Tisch jeweils noch etwas Olivenöl über die Suppe träufeln.

TOMATENSUPPE

ALLESKÖNNER

mit Parmesanhaube

REICH AN VITAMINEN, MINERALIEN UND SEKUNDÄREN PFLANZENSTOFFEN UND VOLLER AROMA SIND TOMATEN DIE MULTITALENTE DES SOMMERS.

Zutaten für 4 Portionen

- 1 rote Zwiebel
- 2 Knoblauchzehen
- 1 Bund Basilikum
- 800 g vollreife Tomaten
- 2 EL Olivenöl
- 1 EL Polenta (Maisgrieß) oder Hartweizengrieß
- ¼ l Gemüsebrühe (s. Seite 14/15)
- Salz, Pfeffer aus der Mühle
- 75 g Sahne
- 50 g frisch geriebener Parmesan
- 1 Prise Zucker

besonderes Werkzeug

- Pürierstab

Zeitbedarf

- 40 Minuten

So geht's

1. Die Zwiebel und den Knoblauch schälen und fein hacken. Das Basilikum waschen und trocken schütteln. Die Blättchen abzupfen und beiseitelegen, die Stiele hacken.
2. Die Stielansätze aus den Tomaten keilförmig herausschneiden. Die Tomaten in einer Schüssel mit kochendem Wasser überbrühen, kurz ziehen lassen, bis die Haut anfängt sich zu lösen. Dann kalt abschrecken und häuten. Die Tomaten in kleine Würfel schneiden.
3. Das Öl in einem Suppentopf erhitzen. Zwiebel, Knoblauch und gehackte Basilikumstiele bei mittlerer Hitze darin andünsten, bis die Zwiebel glasig ist. Tomaten, Maisgrieß und Brühe zugeben und alles zugedeckt bei schwacher Hitze 10 Minuten köcheln lassen.
4. Inzwischen den Backofen auf 250 °C (Ober- und Unterhitze; Umluft 220 °C) vorheizen. Die Sahne steif schlagen, den Parmesan unterheben und mit etwas Salz und Pfeffer abschmecken.
5. Die Suppe von der heißen Herdplatte ziehen, im Topf fein pürieren, mit Salz, Pfeffer und Zucker abschmecken und in ofenfeste Suppentassen füllen. Jeweils 1 dicken Klecks Parmesansahne auf den Suppen verteilen. Die Suppen im heißen Ofen (Mitte) ca. 6 Minuten gratinieren, bis die Sahne leicht braun ist. Größere Basilikumblätter kleiner zupfen, kleine ganz lassen. Die Suppe vor dem Servieren mit Basilikumblättchen bestreuen.

SCHNELLE KÜCHE | PARMESANSAHNE **einfach in einem Schälchen mit auf den Tisch stellen. Jeder kann sich selbst bedienen und einen Klecks auf die heiße Suppe setzen.**

SCHLANKMACHER

TOMATENSUPPE

mit marinierten Avocadowürfeln

GENAU DAS RICHTIGE FÜR HEISSE SOMMERTAGE! SCHÖN KÜHL, ANGENEHM LEICHT UND TROTZDEM SÄTTIGEND.

Zutaten für 4 Portionen

- 1 Bund Basilikum
- 4 Knoblauchzehen
- ½ Bio-Zitrone
- 1 rote Chilischote
- 1 große Avocado
- Salz
- 1 Prise gemahlener Koriander
- 1 Scheibe Toastbrot
- 800 g Tomaten
- 4 EL Olivenöl
- 1 Prise Zucker oder 1 Msp. Honig
- 2 EL Pinienkerne

besonderes Werkzeug

- Pürierstab

Zeitbedarf

- 30 Minuten
- mind. 1 Stunde kühlen

So geht's

1. Das Basilikum kalt abbrausen und trocken schütteln, die Blättchen abzupfen. Einige Blättchen (ca. 1 EL) fein schneiden. Knoblauch schälen und fein hacken. Die Zitronenhälfte heiß waschen und abtrocknen, die Schale fein abreiben, den Saft auspressen. Die Chilischote waschen und den Stiel abschneiden. Die Schote mit den Kernen fein hacken.
2. Die Avocado rundherum bis zum Kern einschneiden. Die Hälften gegeneinanderdrehen, den Kern entfernen. Das Fruchtfleisch mit einem Esslöffel aus den Schalen heben, dann fein würfeln.
3. Chilischote, fein geschnittene Basilikumblätter, die Hälfte des Knoblauchs, Zitronenschale und -saft zusammen mit den Avocadowürfeln in einer Schüssel mischen und mit Salz und Koriander abschmecken. Zugedeckt in den Kühlschrank stellen.
4. Das Toastbrot mit lauwarmem Wasser übergießen und weich werden lassen. Tomaten waschen, würfeln, dabei die Stielansätze entfernen.
5. Das Toastbrot ausdrücken und zerpflücken. Mit dem restlichen Basilikum und Knoblauch, den Tomaten und 3 EL Olivenöl fein pürieren. Die Suppe mit Salz, Pfeffer und Zucker oder Honig abschmecken und mindestens 1 Stunde kühl stellen.
6. Kurz vor dem Servieren die Pinienkerne im übrigen Öl bei mittlerer Hitze unter Rühren goldgelb rösten, dann leicht salzen. Die marinierten Avocadowürfel nochmals abschmecken.
7. Die Tomatensuppe durchrühren, abschmecken und in Suppenteller oder -tassen füllen. Mit Avocadowürfeln und Pinienkernen bestreut servieren.

BAKTERIENKILLER

KNOBLAUCHSUPPE

mit Mandelblättchen

KNOBLAUCH IST EIN NATÜRLICHES ANTIBIOTIKUM UND DIESE SUPPE DIE BESTE MEDIZIN BEI EINER SOMMERGRIPPE – OHNE NEBENWIRKUNGEN.

Zutaten für 4 Portionen

- 2 große junge Knoblauchknollen
- 1 Scheibe Toastbrot
- 1 Zwiebel
- 1 Zweig Rosmarin
- 2 Zweige Thymian
- 4 Salbeiblättchen
- 200 g Tomaten
- 2 EL Olivenöl
- 4 Knoblauchzehen
- 100 g abgezogene geriebene Mandeln
- 1 l Gemüsebrühe (s. Seite 14/15)
- Salz, Pfeffer aus der Mühle
- 1 EL Butter
- 2 EL Mandelblättchen
- 4 Zweige Petersilie

besonderes Werkzeug
- Pürierstab

Zeitbedarf
- 30 Minuten backen
- 30 Minuten

So geht's

1. Den Backofen auf 250 °C (Ober- und Unterhitze; Umluft 220 °C) vorheizen. Die Knoblauchknollen waschen, abtrocknen und eventuell den Stiel abschneiden. Die Knollen in Alufolie packen (glänzende Seite nach innen) und auf dem Rost im Ofen etwa 30 Minuten backen, bis sie weich sind. Aus der Folie wickeln und lauwarm abkühlen lassen.
2. Inzwischen das Brot in kleine Würfel schneiden. Die Zwiebel schälen und sehr fein hacken. Die Kräuter waschen und trocken schütteln, von den Stielen zupfen und fein schneiden. Die Tomaten waschen oder häuten und in kleine Würfel schneiden, dabei Stielansätze entfernen.
3. Das Öl im Suppentopf erhitzen, die Kräuter und die Zwiebel darin andünsten. Das Brot und die geriebenen Mandeln dazugeben und kurz anbraten. Die Brühe und die Tomaten hinzufügen und alles zum Kochen bringen. Die Suppe offen bei mittlerer Hitze etwa 10 Minuten köcheln lassen, bis sie sämig wird.
4. Inzwischen die gebackenen Knoblauchknollen quer halbieren und den weichen Knoblauch aus den Schalen drücken **[→a]**. Das Knoblauchfleisch fein zerdrücken oder pürieren. Die übrigen 4 Knoblauchzehen schälen und fein hacken. Die Suppe im Topf pürieren, das Knoblauchpüree und den gehackten Knoblauch unterrühren und die Suppe mit Salz und Pfeffer abschmecken.
5. Die Butter in einem Pfännchen zerlassen, die Mandelblättchen darin unter Rühren bei mittlerer Hitze goldgelb rösten und leicht salzen. Die Petersilie waschen und trocken schütteln. Die Blättchen abzupfen und fein schneiden. Die Suppe in vorgewärmte Suppenteller oder -tassen füllen und mit den Mandelblättchen und der Petersilie bestreut servieren.

[a]

DAS IST *wirklich* WICHTIG

[a] GEBACKENEN KNOBLAUCH kann man ganz leicht aus den Knollen drücken. Verwenden Sie für dieses Rezept ganz frischen Knoblauch, keine Lagerware. Frischer Knoblauch ist schön saftig und mild-aromatisch und hat noch keinen Trieb ausgebildet, der den Geschmack etwas streng werden lässt.

JOGHURTSUPPE *mit frittierten Auberginen*

KRAFTPAKET

EIN LEICHTES MITTAGESSEN FÜR EINEN HEISSEN SOMMERTAG, DAS MIT REICHLICH KALZIUM AUS DEM JOGHURT UNSERE KNOCHEN STÄRKT.

Zutaten für 4 Portionen

- 1 Aubergine (etwa 350 g)
- Salz
- 1 Bund Frühlingszwiebeln
- 2 Knoblauchzehen
- 2 EL Olivenöl
- 50 g Langkornreis
- 800 ml Gemüsebrühe (s. Seite 14/15)
- 400 g Joghurt
- 2 Eigelb
- 2 TL Speisestärke
- 8 Zweige Minze
- 500 g neutrales Öl oder Pflanzenfett zum Frittieren
- 1 TL Chiliflocken

Zeitbedarf

- 30 Minuten

So geht's

1. Die Aubergine waschen und die Enden abschneiden. Die Aubergine in knapp 1 cm große Würfel schneiden und mit Salz mischen. Etwa 10 Minuten stehen lassen.
2. Inzwischen von den Frühlingszwiebeln die Wurzelenden und die welken grünen Teile abschneiden. Die Zwiebeln waschen und in feine Ringe schneiden. Etwa 1 EL grüne Zwiebelringe zum Bestreuen beiseitelegen. Den Knoblauch schälen und fein hacken.
3. Das Öl in einem Topf erhitzen, den Knoblauch und die Zwiebelringe darin andünsten. Den Reis dazugeben und kurz mitdünsten. Die Brühe zugießen und zum Kochen bringen. Die Suppe zugedeckt bei schwacher Hitze etwa 15 Minuten köcheln lassen.
4. Die Auberginenwürfel mit Küchenpapier gut trocken tupfen. Den Joghurt mit den Eigelben und der Speisestärke gut verquirlen. Die Minze waschen und trocken schütteln. Die Blättchen abzupfen und fein schneiden.
5. Das Fett zum Frittieren erhitzen (s. Seite 42/43). Die Auberginenwürfel darin in zwei Portionen jeweils etwa 5 Minuten frittieren. Mit dem Schaumlöffel herausheben, abtropfen lassen und auf Küchenpapier gut entfetten. Leicht salzen und warm halten.
6. Den Suppentopf vom Herd ziehen. Einen Schöpfer heiße Brühe in die Joghurtmischung quirlen, die Joghurtmischung dann unter die Suppe rühren. Bei schwacher Hitze noch einmal auf den Herd stellen und unter Rühren erhitzen, aber nicht mehr kochen lassen.
7. Die Suppe mit Chiliflocken und Salz abschmecken. Die Minze bis auf einen kleinen Rest unterrühren. Die Suppe auf vorgewärmten Tellern füllen und mit jeweils einigen Auberginenwürfeln, den übrigen Zwiebelringen und der restlichen Minze bestreut servieren.

BESONDERS VITAMINREICH

PAPRIKASUPPE

mit Amaranth und Feta

PAPRIKA SORGT FÜR VIEL VITAMIN C UND DAS AZTEKENKORN AMARANTH LIEGT BEIM EISENGEHALT WEIT VORNE. EINE GESUNDE SUPPE FÜR DEN SOMMER, DIE EIN BISSCHEN EXOTIK AUF DEN TELLER ZAUBERT.

Zutaten für 4 Portionen

- 1 Zwiebel
- 2 Knoblauchzehen
- 1 rote Chilischote
- 6 Zweige Thymian
- 70 g Amaranth
- 2 EL Olivenöl
- 1 l Gemüsebrühe (s. Seite 14/15)
- je 1 große rote und gelbe Paprikaschote
- Salz
- je 1 ½ TL edelsüßes und rosenscharfes Paprikapulver
- 50 g saure Sahne
- 150 g Schafskäse (Feta)
- 4–8 Basilikumblättchen für die Garnitur

Zeitbedarf

- 45 Minuten
- 30 Minuten garen

So geht's

1. Die Zwiebel und den Knoblauch schälen und fein würfeln. Die Chilischote waschen, den Stiel abschneiden und die Schote mit den Kernen fein hacken. Den Thymian abbrausen und trocken schütteln, die Blättchen von den Stielen streifen.
2. Den Amaranth in einem feinen Sieb unter fließendem Wasser waschen, abtropfen lassen. In einem Suppentopf 1 EL Öl erhitzen. Zwiebel, Knoblauch, Chili und Thymian darin bei mittlerer Hitze unter Rühren 1–2 Minuten andünsten. Amaranth dazugeben, kurz mitdünsten, dann die Brühe zugießen und zum Kochen bringen. Die Suppe zugedeckt bei schwacher Hitze ca. 30 Minuten garen, bis der Amaranth bissfest ist.
3. In der Zwischenzeit die Paprikaschoten waschen und halbieren. Die Stiele und die weißen Trennhäutchen mit den Kernen entfernen. Die Schoten in ca. 1 cm große Würfel schneiden. Das restliche Öl in einer Pfanne erhitzen und die Paprikawürfel darin andünsten. Mit Salz und der Hälfte der beiden Paprikapulver würzen, unter die Suppe mischen und alles weitere 5 Minuten garen, bis die Paprika bissfest ist.
4. Die saure Sahne mit dem restlichen Paprikapulver und Salz verrühren. Den Feta in die Suppe krümeln und unterrühren. Die Suppe abschmecken und auf vorgewärmten Tellern verteilen. Mit je 1 Klecks saurer Sahne und Basilikum garnieren und servieren.

MAISSUPPE

GIBT SCHWUNG

mit frischem Koriander

MEXIKANISCH ANGEHAUCHT WECKT DIESE SUPPE UNSERE LEBENSGEISTER. CHILI SORGT FÜR EIN BISSCHEN FEUER, FRISCHES GEMÜSE UND KORIANDERGRÜN LASSEN DIE GESCHMACKSKNOSPEN TANZEN.

Zutaten für 4 Portionen

- 2 Maiskolben
- 2 junge Zucchini (etwa 300 g)
- 1 Bund Frühlingszwiebeln
- 4 Knoblauchzehen
- 2 rote Chilischoten
- 6 Zweige Thymian
- 1 EL Butter
- 1 EL Olivenöl
- 1 l Gemüsebrühe (s. Seite 14/15)
- 1 Bund Koriandergrün
- 100 g Doppelrahm-Frischkäse
- 100 g saure Sahne
- Salz, Pfeffer aus der Mühle

besonderes Werkzeug

- Pürierstab

Zeitbedarf

- 45 Minuten

So geht's

1. Die Hüllblätter und Fäden von den Maiskolben entfernen. Die Maiskolben hochkant auf ein Küchenbrett stellen und die Maiskörner mit einem großen schweren Messer abschneiden. Die Zucchini waschen, putzen und in knapp 1 cm große Würfel schneiden.
2. Frühlingszwiebeln waschen und die Wurzelenden und alle welken grünen Teile abschneiden. Die Zwiebeln in feine Ringe schneiden. 1 gehäuften EL grüne Zwiebelringe für die Garnitur beiseitelegen. Den Knoblauch schälen und fein hacken. Die Chilischoten waschen, die Stiele abschneiden. Die Chilischoten mit den Kernen fein hacken. Für eine weniger scharfe Suppe Kerne und Trennhäute vorher entfernen. Den Thymian abbrausen und trocken schütteln, die Blättchen abstreifen.
3. Butter und Öl in einem Suppentopf erhitzen. Zwiebelringe, Knoblauch, Thymian und Chili darin bei mittlerer Hitze unter Rühren ca. 1 Minute dünsten. Mais und Zucchini hinzufügen und kurz mitbraten. Die Brühe zugießen und zum Kochen bringen. Die Suppe zugedeckt bei mittlerer Hitze ca. 10 Minuten garen, bis das Gemüse bissfest ist.
4. Inzwischen den Koriander abbrausen und trocken schütteln. Die Blättchen abzupfen und fein hacken. Mit den restlichen Zwiebelringen in einem Schälchen mischen.
5. Eine große Schöpfkelle voll Suppe aus dem Suppentopf nehmen. Die im Topf verbliebene Suppe fein pürieren. Den Frischkäse und die saure Sahne mit dem Pürierstab untermixen. Den Schöpfer Suppe wieder dazugeben und die Suppe mit Salz und Pfeffer abschmecken. Die Koriander-Zwiebel-Mischung dazu servieren.

APPETITMACHER

MELONENSUPPE
mit Zanderklößchen

BASILIKUM REGT DEN APPETIT AN – SO IST DIESE FRUCHTIG-FRISCHE SUPPE AUCH EIN SCHÖNER AUFTAKT FÜR EIN SOMMERLICHES MENÜ.

Zutaten für 4 Portionen

Für die Klößchen

- 250 g Zanderfilet ohne Haut
- 1 Scheibe Toastbrot, 6 EL Milch
- 1 Stück Bio-Zitronenschale
- 2 Zweige Basilikum
- 1 Eiweiß, 60 g Sahne
- Salz, Pfeffer aus der Mühle

Für die Suppe

- 800 g Honigmelone
- 1 Bund Frühlingszwiebeln
- 1 Bund Basilikum
- 1 rote Chilischote, 1 EL Butter
- ½ l Gemüsebrühe (s. Seite 14/15)
- 1 EL Crème fraîche
- 1 EL Zitronensaft

besonderes Werkzeug

- Mixer oder Pürierstab

Zeitbedarf

- 1 Stunde

So geht's

1. Das Fischfilet kalt abspülen, trocken tupfen, würfeln und kühl stellen. Das Toastbrot ohne Rinde ebenfalls würfeln und mit der Milch mischen, kühl stellen.
2. Die Kerne mit einem Löffel aus der Melone schaben. Die Melone schälen und klein würfeln, 1 EL davon beiseitestellen. Frühlingszwiebeln putzen, waschen und in feine Ringe schneiden, 1 EL Zwiebelgrün beiseitestellen. Basilikum waschen und trocken schütteln, 1 EL Blättchen abzupfen und beiseitelegen. Übriges Basilikum fein hacken. Chilischote waschen, Stiel entfernen und mit den Kernen fein schneiden.
3. Für die Klößchen die Zitronenschale sehr fein hacken. Basilikum waschen und trocken schütteln, Blättchen abzupfen und fein schneiden. Fischfilet mit Brot, Eiweiß und Sahne im Mixer pürieren **[→a]**. Zitronenschale und Basilikum untermischen, die Farce salzen und pfeffern.
4. Für die Suppe Butter in einem Suppentopf zerlassen. Zwiebelringe, Basilikum und Chili darin andünsten. Melonenwürfel dazugeben und mitdünsten. Brühe zugießen und aufkochen. Die Suppe zugedeckt bei schwacher Hitze etwa 10 Minuten köcheln lassen.
5. Für die Klößchen in einem weiten Topf Wasser aufkochen und salzen. Von der Fischmasse Nocken abstechen **[→b]** und ins nur leise siedende Wasser geben. Die Klößchen offen in ca. 8 Minuten bei kleiner Hitze gar ziehen lassen.
6. Die Melonenstücke in der Brühe fein pürieren. Crème fraîche und Zitronensaft untermischen und die Suppe mit Salz abschmecken. Übrige Basilikumblättchen in Streifen schneiden.
7. Fischklößchen aus dem Topf heben, abtropfen lassen und in die Suppe setzen. Mit Basilikum, Zwiebelgrün und Melonenstückchen garnieren.

[b]

DAS IST *wirklich* WICHTIG

[a] FISCHFARCE HERSTELLEN Alle Zutaten müssen sehr gut gekühlt sein und werden nicht länger als 1 Minute püriert. So verhindert man, dass die Masse zu warm wird und gerinnt. Wer auf Nummer sicher gehen will, gibt noch 1 Eiswürfel mit in den Mixer.

[b] NOCKEN FORMEN Von der Fischmasse 1 gehäuften Teelöffel abnehmen. Einen zweiten Teelöffel darauflegen, mit einer leichten Drehung unter die Farce fahren und sie vom unteren Löffel abstreifen. Diesen Vorgang zwei- bis dreimal wiederholen, bis ein glattes Klößchen entstanden ist.

[a]

DAS IST *wirklich* WICHTIG

[a] SAFRAN EINWEICHEN Aroma und Farbe von Safran sind wasserlöslich. Deshalb die Safranfäden leicht zwischen den Fingern zerreiben, mit dem Fischfond verrühren und so lange stehen lassen, bis sich die Flüssigkeit kräftig orange gefärbt hat. So vorbereitet, kann der Safran seinen Geschmack in der Suppe noch besser entfalten.

SCHLANKMACHER

BOUILLABAISSE *aus Süßwasserfischen*

MIT FETTARMEN FISCHFILETS ZUBEREITET, IST DIESE ABWANDLUNG DES SÜDFRANZÖSISCHEN SUPPENKLASSIKERS BESONDERS FEIN.

Zutaten für 4 Portionen

- 600 g Saiblings- und/oder Forellenfilets ohne Haut
- 1 EL Zitronensaft
- 1 Döschen Safranfäden (0,1 g)
- 800 ml Fischfond (s. Seite 12/13) (ersatzweise Gemüsebrühe)
- 1 milde rote oder weiße Zwiebel
- 4 Knoblauchzehen
- 1 kleine Salatgurke
- 200 g Tomaten
- 4 EL Olivenöl
- Salz, Pfeffer aus der Mühle
- je ½ Bund Dill und Schnittlauch
- 8 dünne Scheiben Weißbrot

Zeitbedarf

- 35 Minuten

So geht's

1. Mit dem Finger über die Fischfilets streifen. Falls dabei Gräten zu spüren sind, diese mit der Pinzette vorsichtig herausziehen. Die Fischfilets in mundgerechte Stücke schneiden und mit dem Zitronensaft mischen. Die Safranfäden zwischen den Fingern leicht zerreiben und mit ca. 100 ml Fischfond verrühren **[→a]**.
2. Die Zwiebel und den Knoblauch schälen. Die Zwiebel vierteln und in Streifen schneiden. Den Knoblauch in dünne Scheiben teilen. Die Gurke von den Enden befreien und schälen. Der Länge nach halbieren und die Kerne aus der Mitte mit einem Teelöffel herauskratzen. Die Gurke in dünne Scheiben schneiden. Die Tomaten häuten und klein würfeln, dabei die Stielansätze herausschneiden.
3. In einem Suppentopf 2 EL Öl erhitzen, die Zwiebel mit dem Knoblauch darin andünsten. Gurkenscheiben kurz mitdünsten. Die restliche Brühe dazugießen und zum Kochen bringen. Alles bei mittlerer Hitze etwa 5 Minuten köcheln lassen.
4. Angerührten Safran und Tomaten einrühren, Suppe mit Salz und Pfeffer abschmecken. Die Fischstücke einlegen und bei schwacher Hitze etwa 4 Minuten in der Suppe gar ziehen lassen.
5. Inzwischen die Kräuter waschen, trocken schütteln und fein schneiden. Das übrige Öl in einer Pfanne erhitzen und die Brotscheiben darin auf beiden Seiten goldgelb rösten.
6. Brotscheiben in tiefe Teller geben. Die Suppe abschmecken und darüberschöpfen. Mit Kräutern bestreuen und servieren.

KÜCHENGEHEIMNIS | FISCH GAR ZIEHEN **Die Fischstücke in die heiße, nicht mehr kochende Suppe legen und nur so lange ziehen lassen, bis sie nicht mehr roh und glasig aussehen. Die Suppe darf dabei auf keinen Fall kochen, sonst wird der Fisch trocken oder zerfällt.**

MUNTERMACHER

THAI-KOKOS-SUPPE

mit grünen Bohnen, Paprika und Huhn

INGWER UND CHILI HEIZEN UNS MIT IHRER SCHÄRFE GANZ SCHÖN EIN UND BRINGEN KREISLAUF UND STOFFWECHSEL IN SCHWUNG.

Zutaten für 4 Portionen

- 200 g grüne Bohnen
- 1 große rote Paprikaschote
- 1 dünne Stange Lauch
- 250 g Hähnchenbrustfilet
- 2 EL Fischsauce
- 1 Stück frischer Ingwer (etwa 4 cm)
- 2 Stängel Zitronengras
- 2 rote Chilischoten
- 500 g Kokosmilch
- ½ l Gemüse- oder Hühnerbrühe (s. Seite 10 oder 14/15)
- 2 EL Limetten- oder Zitronensaft
- Salz
- ½ Bund Koriander

Zeitbedarf

- 40 Minuten

So geht's

1. Die Bohnen waschen und die Enden abschneiden. Falls sich dabei Fäden lösen, diese abziehen. Die Paprikaschote waschen, vierteln, vom Stiel und allen Trennhäuten und Kernen befreien und in Streifen schneiden. Vom Lauch das Wurzelende und alle welken grünen Teile abschneiden. Den Lauch der Länge nach aufschlitzen, gründlich waschen und in Streifen schneiden.
2. Das Hähnchenfleisch kalt waschen und trocken tupfen. In dünne Scheiben schneiden und mit 1 EL Fischsauce mischen. Den Ingwer schälen und erst in Scheiben, dann in feine Streifen schneiden. Das Zitronengras waschen, putzen und in etwa 4 cm lange Stücke schneiden, dann leicht anquetschen **[→a]**. Die Chilischoten waschen, vom Stiel befreien und mit den Kernen in Ringe schneiden.
3. Die Kokosmilch mit der Brühe, dem Zitronengras, dem Ingwer und den Chiliringen mischen und zum Kochen bringen. Bohnen einlegen und etwa 4 Minuten bei mittlerer Hitze offen köcheln lassen. Paprika und Lauch dazugeben und weitere 4 Minuten kochen.
4. Das Hähnchenfleisch in die Suppe geben und in etwa 4 Minuten bei schwacher Hitze darin gar ziehen lassen. Die Suppe mit der übrigen Fischsauce, dem Limettensaft und eventuell etwas Salz abschmecken. Den Koriander waschen und trocken schütteln. Die Blättchen abzupfen, fein hacken und über die Suppe streuen.

[a]

DAS IST *wirklich* WICHTIG

[a] ZITRONENGRAS VORBEREITEN
Zuerst die äußere Schicht des Stängels ablösen, dann das untere Ende sowie das obere, trockene Stück abschneiden. Das Zitronengras in Stücke schneiden und diese mit einem Fleischklopfer oder einem großen schweren Messer leicht klopfen. Nur wenn die Fasern etwas aufgebrochen sind, kann das Zitronengras richtig viel Aroma abgeben.

DAS IST *wirklich* WICHTIG

[a] GARNELEN SCHÄLEN Brechen Sie den Panzer der Garnelen Stück für Stück an der Unterseite mit den Fingern auf und lösen Sie ihn ab. Ist an der Rückenseite der Darm als dünner schwarzer Faden zu erkennen, diesen an einer Seite fassen und im Ganzen herausziehen.

[b] LIMETTENBLÄTTER SCHNEIDEN Die Blätter mit der glänzenden Seite nach innen entlang der Mittelrippe längs zusammenfalten, dann den Stiel zur Blattspitze hin abziehen. Nun können die übereinander gelegten Blatthälften fein geschnitten werden.

[a]

SEELENTRÖSTER

TOM YAM GUNG

thailändische Nationalsuppe

FEINE GARNELEN IN EINER FEURIGEN BRÜHE SERVIERT – EDLE ZUTATEN MIT LIEBE GEKOCHT TUN DER SEELE EINFACH GUT.

Zutaten für 4 Portionen

- 600 g rohe Garnelen in der Schale (die Schale ist wichtig für die Suppengrundlage)
- 2 Stängel Zitronengras
- 1 Stück Ingwer (etwa 5 cm)
- ½ Bund Koriander
- 2 rote Chilischoten
- 2 EL Öl
- 2 Kaffir-Limettenblätter
- 1 Bund Frühlingszwiebeln
- 2 Knoblauchzehen
- 100 g Austernpilze
- 3 EL Limettensaft
- 3 EL Fischsauce

Zeitbedarf

- 35 Minuten

So geht's

1. Die Garnelen aus den Schalen lösen **[→a]**, beides kalt abspülen. Das Zitronengras waschen, die äußere Schicht und trockene Teile entfernen und das Zitronengras in etwa 4 cm lange Stücke schneiden. Mit einem Fleischklopfer oder einem Topfboden leicht klopfen (s. Seite 69). Die Hälfte vom Ingwer schälen und in Scheiben schneiden. Den Koriander waschen und trocken schütteln, die Blättchen abschneiden und beiseitelegen, die Stiele grob schneiden. Die Chilischoten waschen, vom Stiel befreien und mit den Kernen in Ringe schneiden.
2. Das Öl in einem Topf erhitzen, die Garnelenschalen darin unter Rühren braten, bis sie kräftig rot gefärbt sind. Zitronengras, Ingwerscheiben, Korianderstiele und Chiliringe dazugeben und kurz mit anbraten. Mit ¾ l Wasser aufgießen und zum Kochen bringen. Offen bei mittlerer Hitze etwa 15 Minuten köcheln lassen.
3. Inzwischen die Garnelen in knapp 1 cm dicke Scheiben schneiden. Den übrigen Ingwer schälen, erst in feine Scheiben, dann in dünne Streifen schneiden. Die Korianderblättchen grob hacken. Die Limettenblätter waschen und in Streifen schneiden **[→b]**. Von den Frühlingszwiebeln die Wurzelenden und alle welken grünen Teile abschneiden. Die Zwiebeln waschen und in feine Ringe schneiden. Den Knoblauch schälen und in dünne Scheiben schneiden. Die Pilze mit feuchtem Küchenpapier sauber abreiben, die Stiele abschneiden. Die Pilze in dünne Streifen schneiden.
4. Die Garnelenbrühe durch ein Sieb gießen und wieder in den Topf geben. Limettenblätter, Ingwer, Zwiebelringe, Knoblauch und Pilzstreifen dazugeben und die Suppe einmal aufkochen. Mit dem Limettensaft und der Fischsauce abschmecken. Die Garnelen einlegen und bei schwacher Hitze in etwa 1 Minute darin gar ziehen lassen. Die Suppe mit dem Koriander bestreut servieren.

BEERENKALTSCHALE *mit Vanilleschmand*

WUNDERBAR ERFRISCHEND

BEEREN SIND ECHTE VITAMINBOMBEN, DIE DURCH IHRE ANGENEHME SÄURE AN HEISSEN TAGEN GANZ BESONDERS GUT ERFRISCHEN.

Zutaten für 4 Portionen

- 1 Vanilleschote
- ½ Bio-Zitrone
- 100 g Zucker
- 700 g gemischte Beeren (z. B. Himbeeren, Stachelbeeren, Brombeeren, Johannisbeeren)
- 150 g Schmand
- 1 EL Sahne
- 1 Päckchen Vanillezucker

besonderes Werkzeug

- Pürierstab

Zeitbedarf

- 30 Minuten
- mind. 2 Stunden kühlen

So geht's

1. Die Vanilleschote der Länge nach aufschlitzen, das Mark herauskratzen [→a] und in eine Schüssel geben.
2. Die Zitronenhälfte heiß waschen und abtrocknen. Die Schale dünn in möglichst langen Stücken, die sich später wieder gut entfernen lassen, abschälen. Den Zitronensaft auspressen. Die Zitronenschale und den Saft mit der Vanilleschote und dem Zucker mit 700 ml Wasser in einem Topf zum Kochen bringen. Offen bei starker bis mittlerer Hitze etwa 10 Minuten sprudelnd kochen lassen.
3. Inzwischen die Beeren verlesen, also alle Blätter, welke Beeren und Stiele entfernen. Beeren vorsichtig kalt abbrausen. Die Beeren in den kochenden Sirup geben und alles weitere 5 Minuten kochen lassen.
4. Suppe im Topf abkühlen lassen. Die Zitronenschale und die Vanilleschote aus dem Topf fischen. Die Beeren mitsamt der Flüssigkeit fein pürieren und durch ein Sieb streichen, um die Kerne zu entfernen. Die Beerenkaltschale abschmecken und eventuell noch etwas nachsüßen. 2 Stunden kühl stellen.
5. Den Schmand mit der Sahne und dem Vanillezucker zum Vanillemark geben und alles mit dem Schneebesen kräftig durchschlagen. Die Beerenkaltschale auf tiefen Tellern oder Suppentassen verteilen und jeweils mit etwas Schmand garnieren.

DAS IST *wirklich* WICHTIG

[a] VANILLEMARK AUSKRATZEN
Die Vanilleschote auf ein Küchenbrett legen und der Länge nach aufschlitzen. Die Schotenhälften aufklappen und das Mark von den Innenseiten schaben. Am besten geht das mit dem Messerrücken.

[a]

ERNTESATT
und aromareich

LEUCHTEND ORANGEFARBENE KÜRBISSE UND PRALLE KOHLKÖPFE, AROMATISCHE RÜBEN, SAMTIGE MARONI UND DAZU DER ERSTE MEERRETTICH LOCKEN JETZT AM HERBSTLICH BUNTEN MARKTSTAND. GESCHACKSINTENSIVE GRUNDLAGE FÜR SUPPEN, DIE UNS DIE ERNTEFÜLLE SCHMECKEN LASSEN – UND GLÜCKLICH MACHEN.

ASIATISCHER NUDELTOPF
HÜHNER-NUDEL-SUPPE

HERBSTSUPPEN

Gesundes aus der Suppenküche

DIE NATUR ZEIGT JETZT NOCH EINMAL IHRE GANZE PRACHT. HERBSTLICHE FARBEN ERFREUEN DAS AUGE, GESTREICHELT VON DEN LETZTEN WARMEN SONNENSTRAHLEN.

POWER FÜR DIE ABWEHR

Spätestens wenn die ersten Herbststürme mit Regen übers Land ziehen, ist unser Immunsystem gefordert. Wer jetzt gesund bleiben will, sollte eine ganze Menge Vitamine und Mineralstoffe zu sich nehmen. Besonders gut für das Immunsystem sind das Vitamin A, seine Vorstufe Beta-Carotin, die Vitamine E und C sowie die Mineralstoffe Selen, Eisen und Zink. Beim Vitamin A steht die Möhre an erster Stelle, aber auch alle Kohlarten, Fenchel, Spinat und Kürbis haben viel davon zu bieten. Vitamin E steckt vor allem in pflanzlichen Ölen, schon mit 1 EL Weizenkeimöl decken Sie Ihren Tagesbedarf. Aber auch Nüsse enthalten eine beträchtliche Menge an Vitamin E. Vitamin C steckt in vielen Herbstgemüsen, zum Beispiel in allen Kohlsorten. Auch gut: Zitrusfrüchte oder zwischendurch einfach mal ein frisch gepresster Orangensaft.
Selen finden Sie vor allem in Fisch und Innereien (vor allem vom Schwein). Aber auch die Kokosnuss liefert viel davon. Eisen nehmen wir vor allem durch Fleisch zu uns, aber auch Hülsenfrüchte und manche Getreidesorten wie Hirse oder Roggen versorgen unseren Körper damit. Auch beim Zink liegt Fleisch ganz vorne, es ist aber auch in Weizenkeimen, Sojabohnen, Linsen und Kichererbsen enthalten. Daneben helfen dem Immunsystem mehrfach ungesättigte Fettsäuren aus pflanzlichen Ölen, vor allem die Omega-3-Fettsäuren in Lein-, Raps-, Nuss-, Soja- und Weizenkeimölen, aber auch in fettreichen Fischen wie Lachs, Hering und Makrele. Doch auch die Omega-6-Fettsäuren in Oliven- und Sonnenblumenöl haben wichtige Funktionen.

WENN DIE NASE DOCH MAL LÄUFT

Man kann sein Immunsystem noch so sehr stärken und unterstützen, manchmal ist es dem Angriff von außen – sei es durch einen kalten Regenguss oder die schniefenden Mitmenschen um uns herum – doch nicht gewachsen. Dann hilft nur noch eins: Sich schonen, warm halten und auch der Seele etwas Gutes tun. Zum Beispiel mit einer Hühnersuppe, die uns schon als Kinder ziemlich schnell wieder gesund werden ließ. Und sei es auch nur, weil sie so gut tat und einfach herrlich schmeckte. Gerade Huhn hat in Hinblick auf den Gehalt an Zink und Eisen tatsächlich viel zu bieten. Und es enthält eine Menge Niacin, das der Körper braucht, um Energie zu gewinnen.

HÜHNERSUPPE

GIBT GEBORGENHEIT

mit Nudeln und Erbsen

HÜHNERSUPPE ERINNERT UNS AN GLÜCKLICHE KINDERTAGE. UND SIE HILFT WIEDER AUF DIE BEINE – DAS WUSSTE MAN SCHON VOR 800 JAHREN.

Zutaten für 4 Portionen

- 2 Hähnchenschenkel (ca. 600 g)
- ½ Knollensellerie
- 1 Möhre
- 1 Zwiebel
- ½ Bund Petersilie
- 1 TL Pfefferkörner
- 1 TL Wacholderbeeren
- 1 Lorbeerblatt
- Salz, Pfeffer aus der Mühle
- 250 g kurze Suppennudeln
- 200 g TK-Erbsen
- 1 Bund Schnittlauch

Zeitbedarf

- 30 Minuten
- 1 Stunde kochen

So geht's

1. Die Hähnchenschenkel kalt abbrausen und in einem großen Topf mit ca. 1 ½ l Wasser bedecken. Den Sellerie und die Möhre schälen und grob würfeln. Die Zwiebel mit der Schale waschen und vierteln. Die Petersilie waschen und trocken schütteln.
2. Das Gemüse mit Zwiebel, Petersilie, Pfeffer, Wacholder und Lorbeer zum Huhn geben und zum Kochen bringen. Das Wasser salzen und alles bei halb aufgelegtem Deckel bei schwacher Hitze ca. 1 Stunde leicht köcheln lassen.
3. Die Hähnchenschenkel aus der Brühe heben und abkühlen lassen. Die Brühe durch ein Sieb gießen. Ca. 1 l Brühe zurück in den Topf geben. Die Brühe erhitzen, die Nudeln mit den Erbsen hineingeben und bei mittlerer Hitze nach Packungsangabe bissfest garen.
4. Inzwischen die Hähnchenschenkel häuten, das Fleisch von den Knochen lösen und in kleine Stücke zupfen oder schneiden. Den Schnittlauch waschen, trocken schütteln und in feine Röllchen schneiden. Das Hähnchenfleisch in die Suppe geben und warm werden lassen. Die Suppe mit Salz und Pfeffer abschmecken. Mit dem Schnittlauch bestreut servieren.

ASIA-NUDELTOPF

VIRENKILLER

mit Huhn und Gemüse

ERKLÄLTUNGSVIREN MÖGEN KEINE WÄRME. GENIESSEN SIE DIESE SUPPE SO RICHTIG SCHÖN HEISS, DANN HAT DER SCHNUPFEN KEINE CHANCE!

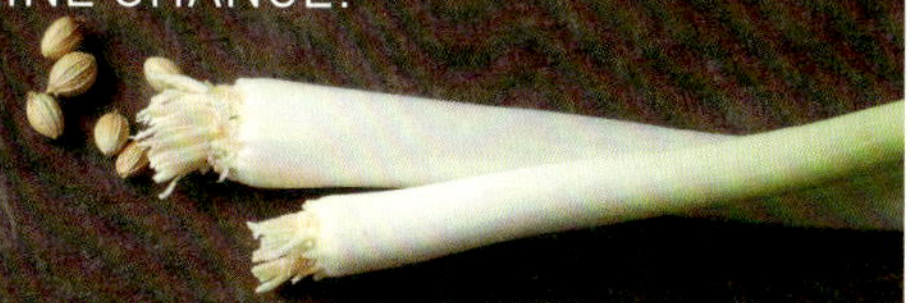

Zutaten für 4 Portionen

- 2 Hähnchenschenkel (ca. 600 g)
- ½ Stange Lauch
- 2 Möhren
- 1 Stück Ingwer (ca. 3 cm)
- 1 TL Koriandersamen
- 4 Kaffir-Limettenblätter (Asia-Laden)
- Salz
- 200 g kleine Champignons
- 4 Frühlingszwiebeln
- 200 g Brokkoli
- 1 rote Chilischote
- 2 Knoblauchzehen
- 200 g Mie-Nudeln (chin. Eiernudeln)
- 4 EL Sojasauce
- 1 EL Sesamöl

Zeitbedarf

- 30 Minuten
- 1 Stunde kochen

So geht's

1. Die Hähnchenschenkel kalt abspülen und in einem Topf mit ca. 1 ½ l Wasser bedecken. Den Lauch putzen, waschen und grob in Ringe schneiden. 1 Möhre schälen und grob würfeln. Den Ingwer schälen und in Scheiben schneiden. 2 Scheiben beiseitelegen.
2. Ingwer, Gemüse, Koriander und Limettenblätter in den Topf geben, alles aufkochen und salzen. Deckel halb auflegen und das Fleisch bei schwacher Hitze ca. 1 Stunde köcheln lassen.
3. Fleisch zum Abkühlen aus der Brühe heben. Die Brühe durch ein Sieb gießen. Ca. 1 l Brühe zurück in den Topf geben.
4. Pilze säubern, putzen und halbieren oder vierteln. Frühlingszwiebeln waschen und putzen. Dunkelgrüne Teile in Ringe schneiden und beiseitelegen, helle Zwiebelteile der Länge nach vierteln und in ca. 2 cm lange Stücke schneiden. Brokkoli in mundgerechte Röschen teilen, waschen. Die zweite Möhre schälen und in kleine Würfel schneiden. Chilischote waschen und mit den Kernen in Ringe schneiden. Knoblauch schälen und fein schneiden.
5. Die Brühe zum Kochen bringen. Gleichzeitig Salzwasser für die Nudeln aufkochen. Alle vorbereiteten Zutaten und die restlichen Ingwerscheiben in die Brühe geben und offen bei mittlerer Hitze 4–5 Minuten köcheln lassen. Nudeln in das Salzwasser geben, Topf vom Herd ziehen und die Nudeln darin in ca. 4 Minuten gar ziehen lassen, dann abgießen.
6. Inzwischen die Hähnchenschenkel häuten, das Fleisch von den Knochen zupfen und mit den Nudeln in die Suppe geben und darin erwärmen. Alles mit Sojasauce und Sesamöl abschmecken und mit den Zwiebelringen bestreut servieren.

SUPPENEINLAGEN

Klößchen und mehr

EINE KLARE, SELBST GEKOCHTE BRÜHE SCHMECKT MIT EINER FEINEN SUPPENEINLAGE NOCHMAL SO GUT. DAZU EIN PAAR GEMÜSESTREIFEN KURZ IN DER BRÜHE MITGAREN – EINFACH GUT!

PETERSILIEN-BRÄT-NOCKERL

50 g Petersilie, 1 Frühlingszwiebel, 3 EL weiche Butter (ca. 30 g), 250 g Kalbsbrät, 2 EL Semmelbrösel, Salz, Pfeffer aus der Mühle, frisch geriebene Muskatnuss

So geht's: Die Petersilie waschen, trocken schütteln und fein hacken. Die Frühlingszwiebel waschen, putzen und in sehr feine Ringe schneiden. Die Butter cremig rühren, das Kalbsbrät und die Semmelbrösel mit Petersilie und Zwiebel untermischen und mit Salz, Pfeffer und Muskat abschmecken. Mit 2 Teelöffeln kleine Nocken von der Brätmasse abstechen und in der leise siedenden Brühe in ca. 10 Minuten gar ziehen lassen.

Dazu passen: Streifen von Weißkohl oder Lauch und für die Farbe ein paar Kürbis- oder auch Möhrenstreifen.

KRESSE-GRIESS-KLÖSSCHEN

60 g weiche Butter, Salz, Pfeffer aus der Mühle, 1 Prise rosenscharfes Paprikapulver, 1 Ei (Größe M), 100 g Hartweizengrieß, 2 Kästchen Gartenkresse

So geht's: Die Butter mit Salz, Pfeffer und Paprikapulver cremig rühren. Das Ei und dann den Grieß untermischen, alles ca. 15 Minuten quellen lassen. Dann die Kresse mit einer Küchenschere vom Beet schneiden und unter die Grießmasse heben. Mit 2 Teelöffeln kleine Nocken abstechen, zu runden Klößchen formen und in der leise siedenden Brühe in ca. 15 Minuten gar ziehen lassen.

Dazu passen: Streifen von gegartem Rindfleisch oder Huhn, Wirsing oder auch einfach Möhre und Knollensellerie.

KRÄUTER-KÄSE-SCHNITTEN

½ Bund gemischte Kräuter (z. B. Sauerampfer, Borretsch, Petersilie, Kresse, Dill und Schnittlauch), 1 TL scharfer Senf oder frisch geriebener Meerrettich, 50 g weiche Butter, Salz, 4 Scheiben Toastbrot, 4 Scheiben würziger Bergkäse

So geht's: Den Backofen auf 250 °C (Ober- und Unterhitze; Umluft 220 °C) vorheizen. Die Kräuter waschen und trocken schütteln, Blättchen abzupfen und fein hacken. Kräuter, Senf oder Meerrettich unter die Butter kneten, mit Salz abschmecken. Die Toastbrotscheiben mit der Butter bestreichen und mit je 1 Käsescheibe belegen. Die Scheiben diagonal teilen und jede Hälfte nochmals durchschneiden, so dass kleine Dreiecke entstehen. Die Brote auf ein mit Backpapier belegtes Backblech legen und im Ofen (Mitte) ca. 5 Minuten backen, bis sie knusprig sind.

Dazu passen: Blattspinat oder Kohlstreifen.

FRITTIERTE POLENTA

400 ml Gemüsebrühe, 100 g Instant-Polenta, 2 getrocknete, in Öl eingelegte Tomaten, 1 rote Chilischote, ¼ Bund Petersilie, Salz, ¾ l Pflanzenöl oder 750 g gehärtetes Fett zum Frittieren

So geht's: Die Brühe aufkochen, dann die Polenta unter ständigem Rühren einrieseln lassen und bei schwacher Hitze zugedeckt in ca. 5 Minuten ausquellen lassen. Die Tomaten abtropfen lassen und in feine Stücke schneiden. Die Chilischote putzen, dabei die Kerne entfernen. Die Schote fein hacken. Die Petersilie waschen und trocken schütteln, Blättchen abzupfen und fein schneiden. Tomaten, Chili und Petersilie unter die Polenta rühren. Mit Salz abschmecken und ca. 3 cm hoch in eine flache eckige Form füllen. Mindestens 1 Stunde abkühlen und nachquellen lassen. Dann aus der Form stürzen und in kleine Quadrate schneiden. In einem weiten Topf das Öl oder Fett auf max. 170 °C erhitzen (s. Seite 42/43) und die Polentaschnitten darin portionsweise in 3–4 Minuten goldgelb frittieren. Abtropfen und auf Küchenpapier entfetten lassen.

Dazu passen: Wirsingstreifen, Lauchringe oder auch Blattspinat.

DAS IST *wirklich* WICHTIG

[a]KÜRBIS VORBEREITEN Zuerst die Kerne und das faserige Fruchtfleisch herausschaben – am besten geht das mit einem scharfkantigen Löffel. Dann den Kürbis in Spalten teilen. Die Spalten seitlich auf ein Brett legen und nun die Schale Stück für Stück abschneiden.

[a]

KÜRBISCREME

BESONDERS VITAMINREICH

mit gerösteten Selleriestreifen

DAS KÜRBISFLEISCH STECKT VOLLER BETA-CAROTIN, DAS DER KÖRPER IN VERBINDUNG MIT DEM KÜRBISKERNÖL NOCH BESSER AUFNEHMEN KANN.

Zutaten für 4 Portionen

- 1 mehligkochende Kartoffel (etwa 150 g)
- 1 Stück Muskat- oder Butternut-Kürbis (etwa 700 g)
- 1 säuerlicher Apfel
- 2 Schalotten
- 1 Stück Ingwer (etwa 2 cm)
- 2 EL Butter
- 1 l Gemüsebrühe (s. Seite 14/15)
- 1 Stück Knollensellerie (etwa 400 g)
- 2 EL Kürbiskerne
- 1 EL Öl
- Salz, Pfeffer aus der Mühle
- 1 EL Zitronensaft
- Kürbiskernöl zum Servieren

besonderes Werkzeug

- Pürierstab

Zeitbedarf

- 40 Minuten

So geht's

1. Die Kartoffel schälen, waschen und würfeln. Den Kürbis putzen [→a] und in Würfel schneiden. Den Apfel vierteln und das Kerngehäuse entfernen. Den Apfel schälen und klein schneiden. Die Schalotten und den Ingwer schälen und fein hacken.
2. Im Suppentopf 1 EL Butter erhitzen, die Schalotten und den Ingwer darin unter Rühren andünsten. Kartoffel, Kürbis und Apfel unterrühren und kurz mitdünsten. Die Brühe angießen und zum Kochen bringen. Die Suppe zugedeckt bei schwacher bis mittlerer Hitze etwa 15 Minuten köcheln lassen, bis die Zutaten weich sind.
3. Inzwischen den Sellerie schälen und in dünne Scheiben schneiden. Die Scheiben in feine Stifte teilen, lange Stücke halbieren.
4. Eine Pfanne erhitzen, die Kürbiskerne darin unter Rühren 1–2 Minuten anrösten. Auf einem Teller beiseitestellen. Die übrige Butter und das Öl in der Pfanne erhitzen. Die Selleriestreifen dazugeben und bei mittlerer Hitze unter Rühren in etwa 5 Minuten leicht braun und bissfest garen. Salzen und warm halten.
5. Die Suppe im Topf pürieren. Mit Salz, Pfeffer und dem Zitronensaft abschmecken. Die Suppe in Suppenteller füllen und jeweils mit einigen Selleriestreifen und Kürbiskernen garnieren. Mit dem Kürbiskernöl servieren – jeder träufelt sich nach Belieben ein wenig davon auf die Suppe.

KLARE BRÜHE *mit Speckknödelchen*

WÄRMT DAS HERZ

EINE KRÄFTIGE BRÜHE MIT WÜRZIGEN SPECKKNÖDELN UND KNACKIGEN KOHLSTREIFEN – MANCHMAL MUSS ES EINFACH ETWAS DEFTIGES SEIN.

Zutaten für 4 Portionen

- 200 g altbackene Brötchen oder Knödelbrot
- 150 ml lauwarme Milch
- 125 g durchwachsener Speck (am Stück)
- 1 größere Zwiebel
- ½ Bund Petersilie
- 2 TL Öl
- Salz, Pfeffer aus der Mühle
- 200 g Spitzkohl, Weißkohl oder Endiviensalat
- 2 Eier (Größe M)
- geriebene Muskatnuss
- 1 l Fleischbrühe

Zeitbedarf

- 40 Minuten

So geht's

1. Die Brötchen in dünne Scheiben schneiden. Die Brötchenscheiben oder das Knödelbrot mit der Milch übergießen und in etwa 10 Minuten weich werden lassen.
2. Inzwischen den Speck von der Schwarte und eventuell vorhandenen Knorpeln befreien und in kleine Würfel schneiden. Die Zwiebel schälen und fein hacken. Die Petersilie waschen und trocken schütteln, grobe Stiele entfernen und die Petersilie fein schneiden. Diese Zutaten mit dem Öl in einer kleinen Pfanne bei mittlerer Hitze unter Rühren etwa 5 Minuten dünsten. Mit Salz und Pfeffer abschmecken.
3. Kohl oder Endiviensalat waschen, von den dicken Rippen befreien und in Streifen schneiden. Die Eier mit der Speckmischung zu den Brötchen geben, alles mit Salz, Pfeffer und Muskat würzen und so lange kräftig durchkneten, bis ein gebundener Teig entstanden ist. Aus der Masse mit feuchten Händen kleine Knödel von etwa 5 cm Durchmesser formen.
4. In einem Topf reichlich Wasser zum Kochen bringen und salzen. Die Knödel ins leise siedende Wasser legen und etwa 10 Minuten darin gar ziehen lassen. Gleichzeitig die Brühe zum Kochen bringen, die Kohlstreifen darin in 3–4 Minuten bissfest garen oder die Endivienstreifen in die Suppe geben und nur zusammenfallen lassen. Suppe abschmecken.
5. Die Speckknödel mit dem Schaumlöffel aus dem Wasser heben und in vorgewärmte Suppenteller geben. Die Brühe mit den Kohlstreifen darüberschöpfen und die Suppe servieren.

SCHNELLE KÜCHE | KNÖDEL GAREN **Man kann die Knödel auch direkt in der Brühe garen. Allerdings löst sich selbst bei gut gebundenen Knödeln immer ein bisschen von der Masse ab und das macht die Brühe leicht trüb.**

DAS IST *wirklich* WICHTIG

[a] MEERETTICH Verwenden Sie für diese Suppe frischen Meerrettich, nur er bringt den vollen Geschmack. Schälen Sie die Stange nur so weit, wie Sie sie reiben wollen. Am besten lässt er sich auf einer sehr scharfen Reibe mit geätzten Zähnen reiben. Den Rest der Stange locker in Küchenpapier wickeln und im Gemüsefach aufbewahren.

KARTOFFELSUPPE

AKTIVIERT SELBSTHEILUNG

mit Lauch und Meerrettich

HIER HAT DIE ERKÄLTUNG SCHLECHTE KARTEN! MEERRETTICH REGT DEN BLUTKREISLAUF AN UND WIRKT ANTIBAKTERIELL.

Zutaten für 4 Portionen

- 600 g Kartoffeln
- 1 dicke Stange Lauch
- 2 Knoblauchzehen
- 1 EL Butter
- 2 TL Kümmelsamen nach Belieben
- 1 TL getrockneter Majoran
- 1 l Fleisch- oder Gemüsebrühe (s. Seite 10/11 oder 14/15)
- 1 Stück frischer Meerrettich (etwa 2 cm lang)
- 50 g Crème fraîche oder saure Sahne
- 200 g Fleischwurst nach Belieben
- Salz, Pfeffer aus der Mühle
- frisch geriebene Muskatnuss

besonderes Werkzeug

- Pürierstab

Zeitbedarf

- 30 Minuten

So geht's

1. Die Kartoffeln schälen, waschen und in kleine Würfel schneiden. Vom Lauch das Wurzelende und alle welken dunkelgrünen Teile abschneiden. Den Lauch der Länge nach aufschlitzen und gründlich kalt abspülen, auch zwischen den Schichten. Den Lauch fein schneiden. Den Knoblauch schälen und fein hacken.
2. Die Butter im Suppentopf erhitzen. Den Lauch mit dem Knoblauch, dem Kümmel nach Belieben und dem Majoran unter Rühren andünsten. Die Kartoffeln hinzufügen und leicht anbraten.
3. Die Brühe zugießen und zum Kochen bringen. Die Suppe zugedeckt bei schwacher bis mittlerer Hitze etwa 10 Minuten kochen lassen, bis die Kartoffeln weich sind.
4. Inzwischen den Meerrettich schälen und fein reiben **[→a]**. Die Suppe pürieren und die Crème fraîche oder saure Sahne und den Meerrettich unter die Suppe rühren. Nach Belieben die Fleischwurst in Würfel schneiden und in der Suppe heiß werden lassen. Mit Salz, Pfeffer und Muskat abschmecken und servieren.

DIE VARIANTE | KARTOFFELCREMESUPPE MIT SENF

600 g Kartoffeln, 1 dicke Stange Lauch, 2 Knoblauchzehen, 1 l Fleisch- oder Gemüsebrühe, 50 g Crème fraîche, je 1 EL körnigen und scharfen Senf, evtl. 100 g Bacon in dünnen Scheiben, 1 Kästchen Gartenkresse Die Kartoffeln und den Lauch mit dem Knoblauch wie beschrieben andünsten und mit der Brühe aufgießen. In etwa 10 Minuten gar kochen, dann im Topf fein pürieren. Crème fraîche und Senf unterrühren und die Suppe abschmecken. Nach Belieben Bacon in Streifen schneiden und in einer Pfanne bei mittlerer Hitze knusprig werden lassen. Kresse vom Beet schneiden, zusammen mit dem krossen Bacon auf der Suppe verteilen und gleich servieren.

KARTOFFELSUPPE

ALLESKÖNNER

mit Sellerie und Blutwurstscheiben

DA STECKT VIEL DRIN: BALLASTSTOFFE FÜR DIE VERDAUUNG, B-VITAMINE FÜR DIE NERVEN, EISEN FÜRS BLUT, KALIUM FÜRS HERZ UND MAGNESIUM, DAS UNS STRESS VIEL BESSER BEWÄLTIGEN LÄSST.

Zutaten für 4 Portionen

- 400 g mehligkochende Kartoffeln
- 200 g Knollensellerie
- 1 Möhre
- 1 Zwiebel
- 1 Stange Lauch
- 1 EL Butter
- 1 l Gemüsebrühe (s. Seite 14/15)
- 1 TL Koriandersamen
- 200 g feste Blutwurst
- 2 TL neutrales Öl
- 100 g saure Sahne oder Crème fraîche
- Salz, Pfeffer aus der Mühle
- frisch geriebene Muskatnuss

besonderes Werkzeug

- Mörser
- Pürierstab

Zeitbedarf

- 40 Minuten

So geht's

1. Kartoffeln, Sellerie und Möhre schälen und in kleine Würfel schneiden. Die Zwiebel schälen und fein hacken. Vom Lauch das Wurzelende und alle welken grünen Teile abschneiden. Den Lauch der Länge nach aufschneiden und gründlich waschen, auch zwischen den einzelnen Schichten, dann in feine Streifen schneiden.
2. Die Butter in einem Suppentopf zerlassen. Kartoffeln, Gemüse und Zwiebel dazugeben und bei mittlerer Hitze kurz darin andünsten. Die Brühe zugießen und zum Kochen bringen. Die Suppe zugedeckt bei mittlerer bis schwacher Hitze ca. 10 Minuten köcheln lassen, bis Kartoffeln und Gemüse schön weich sind.
3. Inzwischen den Koriander in einem Pfännchen bei mittlerer Hitze unter Rühren rösten, bis er würzig duftet. Samen dann im Mörser so fein wie möglich zerstoßen. Die Blutwurst häuten und in ca. 1 cm dicke Scheiben schneiden. Das Öl in einer großen Pfanne erhitzen, die Wurststücke hineinlegen und bei mittlerer bis starker Hitze auf beiden Seiten braten, bis sie leicht braun sind.
4. Die Suppe von der heißen Herdplatte nehmen und im Topf pürieren. Saure Sahne oder Crème fraîche untermischen und die Suppe mit Salz, Pfeffer, Muskat und dem Koriander abschmecken. Die Suppe in vorgewärmte Teller schöpfen und die Wurstscheiben darauf verteilen.

SO SCHMECKT 'S AUCH | WURSTALTERNATIVEN **Wer keine Blutwurst mag, kann sie durch knusprig gebratene Bratwurststücke ersetzen. Auch fein: Wiener Würstchen oder Fleischwurst in Scheiben oder Würfeln in der Suppe erwärmen. Und wer die Suppe vegetarisch genießen möchte, röstet Weißbrotwürfel in einer Mischung aus Butter und Öl und streut sie vor dem Servieren über die Suppe.**

KARTOFFELSUPPE

KRAFTPAKET

mit Hackfleisch und Mangold

KARTOFFELN UND RINDFLEISCH LIEFERN BEIDE WICHTIGE AMINO-SÄUREN, DIE UNSER KÖRPER GUT IN KÖRPEREIGENES EIWEISS UMBAUEN KANN. DAS FREUT DIE MUSKELN UND MACHT STARK.

Zutaten für 4 Portionen

- 250 g festkochende Kartoffeln
- Salz
- 1 kleiner Mangold (ca. 300 g)
- 1 rote Zwiebel
- 2 Knoblauchzehen
- 1 geh. TL Koriandersamen
- 1 geh. TL gelbe Senfsamen
- 1 EL neutrales Öl
- 200 g Rinderhackfleisch
- 1 l Fleischbrühe (s. Seite 10/11)
- Pfeffer aus der Mühle
- saure Sahne zum Garnieren

besonderes Werkzeug
- Mörser

Zeitbedarf
- 30 Minuten

So geht's

1. Die Kartoffeln schälen, waschen und zuerst in dünne Scheiben, dann in feine Stifte schneiden. In einem Topf Salzwasser aufkochen, Kartoffeln darin in ca. 4 Minuten bissfest kochen. In ein Sieb gießen, kurz kalt abschrecken und abtropfen lassen.
2. Den Mangold waschen und in einzelne Blätter teilen. Die dunkelgrünen Blätterteile von den Stielen abschneiden und grob hacken. Die Stiele in feine Streifen schneiden. Die Zwiebel schälen, vierteln und quer ebenfalls in feine Streifen schneiden. Den Knoblauch schälen und in dünne Scheiben schneiden.
3. Die Gewürzsamen in einer kleinen Pfanne bei mittlerer Hitze unter Rühren ca. 1 Minute rösten, bis sie würzig duften. In einem Mörser so fein wie möglich zerstoßen.
4. Das Öl in einem Suppentopf erhitzen, das Hackfleisch darin bei starker Hitze unter Rühren krümelig braten. Die zerstoßenen Gewürze dazugeben, kurz mitbraten, alles salzen. Die Brühe angießen und zum Kochen bringen. Zwiebel, Mangoldstiele und Knoblauch dazugeben und ca. 2 Minuten kochen lassen. Dann die Mangoldblätter unterrühren und alles weitere 2 Minuten garen, bis das Gemüse bissfest ist.
5. Die Kartoffelstreifen unter die Suppe mischen und darin heiß werden lassen. Mit Salz und Pfeffer abschmecken und in tiefe Teller füllen. Mit je 1 Klecks saurer Sahne garnieren und servieren.

SCHNELLE KÜCHE | KARTOFFELN GAREN **Sie können die Kartoffelstifte auch direkt mit den Mangoldblättern in die Suppe geben und beides zusammen garen. Dann wird die Suppe durch die Kartoffelstärke aber leicht trüb.**

APPETITMACHER

OCHSENSCHWANZSUPPE *mit Wurzelgemüse*

KRÄFTIGE AROMEN AUS FLEISCH UND KNOCHEN DER OCHSENSCHWANZSTÜCKE SORGEN FÜR GANZ VIEL GESCHMACK.

Zutaten für 4 Portionen

- 2 Zwiebeln
- 2 Knoblauchzehen
- 2 Möhren
- 1 Stück Knollensellerie (etwa 200 g)
- 1 kg Ochsenschwanz in Stücken (beim Metzger vorbestellen)
- 2 EL Öl, 2 EL Butter
- 1 TL Pfefferkörner
- 2 Wacholderbeeren
- 1 Lorbeerblatt
- 1 TL getrockneter Thymian
- Salz, Pfeffer aus der Mühle
- 1 Pastinake
- 1 dünne Stange Lauch
- 4 EL trockener Sherry nach Belieben

Zeitbedarf

- 30 Minuten
- 2 Stunden garen

So geht's

1. 1 Zwiebel und 1 Knoblauchzehe schälen und grob schneiden. 1 Möhre und gut die Hälfte vom Knollensellerie schälen und ebenfalls grob würfeln. Ochsenschwanz abbrausen und trocken tupfen.
2. Im Suppentopf 1 EL Öl und 1 EL Butter erhitzen, den Ochsenschwanz darin unter Rühren bei mittlerer Hitze gründlich anbraten, bis er schön gebräunt ist [→a]. Geschnittenes Gemüse, Zwiebel und Knoblauch dazugeben und kurz weiter bräunen.
3. Alles mit 2 l Wasser aufgießen und zum Kochen bringen. Pfefferkörner, Wacholder, Lorbeer und Thymian dazugeben und alles etwa 2 Stunden bei halb aufgelegtem Deckel leise köcheln lassen, bis das Fleisch an den Knochen schön weich ist.
4. Die Brühe durch ein Sieb geben und mit Salz abschmecken. Das Fleisch etwas abkühlen lassen, dann von den Knochen lösen und in kleine Stücke schneiden.
5. Die übrige Zwiebel, den restlichen Knoblauch, die Möhre, das Selleriestück und die Pastinake schälen und klein würfeln. Vom Lauch das Wurzelende und die welken grünen Teile abschneiden. Den Lauch der Länge nach aufschlitzen und gründlich waschen, auch zwischen den Schichten, dann in feine Streifen schneiden.
6. Die übrige Butter mit dem restlichen Öl im Suppentopf erhitzen. Zwiebel, Knoblauch und Gemüse darin unter Rühren leicht braun anrösten. Mit der Brühe aufgießen. Die Brühe zum Kochen bringen und die Suppe 8–10 Minuten bei mittlerer Hitze köcheln lassen, bis das Gemüse bissfest ist. Das Fleisch und nach Belieben Sherry einrühren, gut heiß werden lassen und die Suppe mit Salz und Pfeffer abschmecken.

[a]

DAS IST *wirklich* WICHTIG

[a] FLEISCH UND GEMÜSE BRÄUNEN

Beim Anbraten von Fleisch und Gemüse werden viele Geschmackstoffe freigesetzt. Die Röststoffe, die sich dabei bilden, geben der Suppe ihren besonders kräftigen Geschmack.

MARONISUPPE

WÄRMT UND BERUHIGT

mit Räucherspeck

MARONEN ENTHALTEN DIE AMINOSÄURE TRYPTOPHAN, DIE DEN KÖRPER ENTSPANNT UND BEIM EINSCHLAFEN HILFT – GENAU DAS RICHTIGE AM ABEND.

Zutaten für 4 Portionen

- 1 kleines Bund Suppengrün
- 1 Zwiebel
- 2 Knoblauchzehen
- 1 Stück Ingwer (etwa 1 cm)
- 200 g gegarte geschälte Maronen (vakuumverpackt)
- 2 EL Butter
- 1 l Gemüsebrühe (s. Seite 14/15)
- Salz, Pfeffer aus der Mühle
- frisch geriebene Muskatnuss
- 100 g durchwachsener Räucherspeck oder Bacon in dünnen Scheiben
- 1 Stück Bio-Orangenschale (etwa 4 cm)
- 100 g Sahne
- 1 EL Zitronensaft

besonderes Werkzeug

- Pürierstab

Zeitbedarf

- 45 Minuten

So geht's

1. Das Suppengrün waschen oder schälen, putzen und in kleine Würfel schneiden. Die Zwiebel, den Knoblauch und den Ingwer schälen und fein hacken. Maronen in kleine Stücke schneiden.
2. Die Butter im Suppentopf erhitzen, Suppengrün, Zwiebeln, Knoblauch und Ingwer darin unter Rühren andünsten. Maronen kurz mitgaren, dann die Brühe zugießen und zum Kochen bringen. Alles mit Salz, Pfeffer und Muskat würzen und zugedeckt bei schwacher Hitze etwa 15 Minuten garen, bis das Gemüse bissfest ist.
3. Inzwischen den Speck in feine Streifen schneiden. In einer Pfanne bei mittlerer Hitze in etwa 5 Minuten erst glasig, dann knusprig werden lassen. Dabei immer wieder umrühren. Die Orangenschale in feine Streifen schneiden.
4. Die Suppe im Topf pürieren, die Sahne untermischen. Die Suppe mit dem Zitronensaft und noch etwas Salz und Pfeffer abschmecken und auf vorgewärmten Suppentellern verteilen. Mit Speckstreifen und Orangenschale garnieren und gleich servieren.

BORSCHTSCH

BLUTREINIGER

Klassiker aus Russland

ROTE BETE IST HIER DIE HAUPTZUTAT. DIE KNOLLEN LIEFERN EINE EXTRAPORTION EISEN UND B-VITAMINE. ZUSAMMEN MIT EIWEISS AUS DEM RINDFLEISCH WIRD SO DIE BLUTBILDUNG ANGEREGT.

Zutaten für 4 Portionen

- 1 ½ l Fleischbrühe (s. Seite 10/11)
- je 2 Lorbeerblätter, Wacholderbeeren, Gewürznelken
- 1 Stück Rindfleisch zum Kochen (ca. 800 g, z. B. aus der Keule)
- 2 Rote Beten
- 2 Möhren
- 1 Stück Knollensellerie (ca. 200 g)
- 1 Stange Lauch
- 500 g Weiß- oder Rotkohl
- 1 EL Tomatenmark
- je 1 TL getrockneter Majoran, Kümmelsamen, rosenscharfes Paprikapulver
- 2 EL Rotweinessig
- Salz
- 1 Bund Dill
- 200 g saure Sahne

Zeitbedarf
- 1 Stunde 45 Minuten

So geht's

1. Die Fleischbrühe mit den Gewürzen zum Kochen bringen. Das Fleisch hineinlegen und bei schwacher bis mittlerer Hitze und halb aufgelegtem Deckel ca. 1 Stunde leise köcheln lassen.
2. Inzwischen Rote Beten, Möhren und Sellerie schälen, dann in dünne Scheiben und anschließend in feine Stifte schneiden. Lauch putzen, waschen und in ca. 3 cm lange Streifen schneiden. Kohl in einzelne Blätter teilen, waschen und dicke Blattrippen heraussschneiden, Blätter dann ebenfalls in Streifen schneiden.
3. Das Gemüse in die Brühe geben und alles weitere 30 Minuten köcheln lassen, bis das Gemüse bissfest ist. Das Fleisch aus dem Topf nehmen. Tomatenmark mit Majoran, Kümmel, Paprika und Essig unter die Suppe rühren und mit Salz abschmecken.
4. Das Fleisch in kleine Würfel schneiden und wieder unter die Suppe mischen. Den Dill waschen und trocken schütteln, Spitzen abzupfen, fein hacken und mit der sauren Sahne verrühren. Die Dillsahne mit Salz abschmecken und zum Borschtsch servieren.

DIE VARIANTE | VEGETARISCHER BORSCHTSCH

2 Rote Beten (ca. 300 g), 2 Möhren,1 Stück Knollensellerie (ca. 200 g), 1 Stange Lauch, 500 g Weiß- oder Rotkohl, 1 Salatgurke, 1 ½ l Gemüsebrühe (s. Seite 14/15), 1 EL Tomatenmark, je 1 TL getrockneter Majoran, Kümmelsamen, rosenscharfes Paprikapulver, 2 EL Rotweinessig, Salz
Gemüse wie oben beschrieben vorbereiten. Zusätzlich die Gurke schälen, längs halbieren und Kerne herauskratzen. Die Gurke in dünne Scheiben schneiden. Rote Beten, Möhren, Sellerie, Lauch und Kohl in der Gemüsebrühe ca. 20 Minuten köcheln lassen. Gurke dazugeben und alles weitere 10 Minuten garen. Wie oben würzen, abschmecken und mit Dill-Sahne servieren.

ROTE-BETE-CREME

AKTIVIERT SELBSTHEILUNG

mit Meerrettich-Quark-Nockerl

MEERRETTICH ENTHÄLT VIEL VITAMIN C. DAS STÄRKT DAS IMMUNSYSTEM UND HILFT, DAS EISEN AUS DEN ROTEN BETEN BESSER AUFZUNEHMEN. DAMIT TROTZEN SIE JEDER BEGINNENDEN ERKÄLTUNG.

Zutaten für 4 Portionen

Für die Suppe:

- 500 g Rote Beten
- 1 kleine Kartoffel (ca. 100 g)
- 1 l Gemüsebrühe (s. Seite 14/15)
- 100 g Sahne
- 1 TL Zitronensaft
- Salz, Pfeffer aus der Mühle
- 1 Prise gemahlener Kümmel

Für die Nockerl:

- 1 Stück Meerrettichwurzel (ca. 3 cm lang)
- 50 g würziger Bergkäse
- 125 g Quark
- 1 Ei (Größe M)
- 50 g Mehl
- Salz, Pfeffer aus der Mühle

besonderes Werkzeug
- Pürierstab

Zeitbedarf
- 40 Minuten

So geht's

1. Rote Beten und Kartoffel schälen und in kleine Würfel schneiden. Mit der Brühe in einem Suppentopf zum Kochen bringen und zugedeckt bei schwacher bis mittlerer Hitze ca. 20 Minuten kochen, bis das Gemüse weich ist.
2. Inzwischen für die Nockerl ca. 2 cm Meerrettich schälen und fein reiben. Den Käse von der Rinde befreien und ebenfalls reiben. Den Quark mit Ei, geriebenem Käse, Meerrettich und dem Mehl verrühren und mit Salz und Pfeffer abschmecken.
3. In einem weiten Topf Wasser zum Kochen bringen, salzen. Aus der Quarkmasse mit 2 Teelöffeln kleine Nockerl formen (s. S. 64/65) und ins leise siedende Wasser geben. In 8–10 Minuten darin gar ziehen lassen.
4. Währenddessen den Topf vom Herd ziehen und die Suppe fein pürieren. Mit der Sahne verfeinern und mit Zitronensaft, Salz, Pfeffer und Kümmel abschmecken. Den restlichen Meerrettich schälen und raspeln.
5. Die Rote-Bete-Creme auf Suppentellern verteilen. Die Quarknockerl mit dem Schaumlöffel aus dem Wasser heben, abtropfen lassen und in die Suppe setzen. Mit dem geraspelten Meerrettich bestreuen und gleich servieren.

STECKRÜBENSUPPE

GIBT SCHWUNG

mit Räucherlachs und Dill

STECKRÜBEN SIND REICH AN MINERALIEN, DER LACHS BRINGT WERTVOLLE FETTSÄUREN MIT – DAS GIBT DEM IMMUNSYSTEM SO RICHTIG SCHWUNG.

Zutaten für 4 Portionen

- 600 g Steckrüben
- 1 Zwiebel
- 2 EL Butter
- ½ TL Chiliflocken
- 1 l Gemüsebrühe (s. Seite 14/15)
- 1 kleines Bund Dill
- ½ Bio-Zitrone
- 100 g Räucherlachs
- 150 g Sahne
- Salz
- 1 Prise gemahlener Koriander

besonderes Werkzeug

- Pürierstab

Zeitbedarf

- 30 Minuten

So geht's

1. Die Steckrüben schälen und in Würfel schneiden. Die Zwiebel schälen und fein würfeln. 1 EL Butter im Suppentopf zerlassen. Die Zwiebel mit den Chiliflocken darin andünsten. Die Steckrübenwürfel dazugeben und kurz mitdünsten. Die Brühe zugießen und zum Kochen bringen. Die Suppe zugedeckt bei mittlerer Hitze etwa 15 Minuten garen, bis die Steckrüben weich sind.
2. Inzwischen den Dill waschen und trocken schütteln. Die Spitzen abknipsen und fein hacken. Die Zitronenhälfte waschen und abtrocknen, die Schale dünn abschälen und fein schneiden. Die Zitrone auspressen. Den Lachs in Streifen schneiden.
3. Den Lachs mit dem Dill und der Zitronenschale verrühren. Die Suppe im Topf pürieren, die Sahne unterrühren. Die restliche Butter in kleine Würfel schneiden und untermixen **[→a]**. Die Suppe mit Salz, Koriander und 2–3 TL Zitronensaft abschmecken.
4. Die Suppe auf vorgewärmten Tellern verteilen und jeweils ein paar Lachsstreifen daraufgeben. Die Suppe gleich servieren.

DIE VARIANTE | STECKRÜBENCREME MIT BACKPFLAUMEN UND CHILI

100 g Backpflaumen, 1 Bio-Orange, ½ TL Chiliflocken, 600 g Steckrüben, 1 Zwiebel, 2 Knoblauchzehen, 1 EL Butter, 1 l Gemüsebrühe, 100 g Sahne, Salz, Pfeffer Backpflaumen grob würfeln und mit der abgeriebenen Schale und dem Saft der Orange sowie den Chiliflocken mischen. Etwa 1 Stunde quellen lassen. Steckrüben schälen, würfeln. Zwiebel und Knoblauch schälen, hacken und zusammen mit den Rüben in der Butter andünsten. Mit der Gemüsebrühe in etwa 15 Minuten weich garen. Die Steckrübensuppe pürieren, mit der Sahne mischen und mit Salz und Pfeffer abschmecken. Backpflaumen untermischen.

DAS IST *wirklich* WICHTIG

[a] MIT BUTTER BINDEN Durch ihren hohen Fettgehalt bindet Butter sehr gut und rundet die Suppe geschmacklich ab. Die Butter sollte möglichst gut gekühlt sein, dann bindet sie besser.

ENTZÜNDUNGSHEMMER

ROQUEFORTSUPPE

mit Nüssen und Birnen-Tatar

WALNÜSSE STECKEN VOLLER WERTVOLLER INHALTSTOFFEN. DURCH IHREN HOHEN GEHALT AN ANTIOXIDANTIEN KÖNNEN SIE ENTZÜNDUNGEN IM KÖRPER HEMMEN UND UNSER HERZ SCHÜTZEN.

Zutaten für 4 Portionen

- ½ Bio-Zitrone
- 2 TL grüne Pfefferkörner (frisch oder aus dem Glas)
- 1 große saftige Birne
- 2 TL Walnussöl
- Salz
- 1 Bund Frühlingszwiebeln
- 2 Knoblauchzehen
- 4 Zweige Thymian
- 200 g Roquefort
- 1 Handvoll Walnusskerne
- 1 EL Butter
- 2 geh. TL Mehl
- 900 ml Gemüsebrühe (s. Seite 14/15)
- 125 g Sahne
- Pfeffer aus der Mühle
- frisch geriebene Muskatnuss

Zeitbedarf
- 35 Minuten

So geht's

1. Die Zitronenhälfte heiß waschen und abtrocknen, die Schale fein abreiben, den Saft auspressen. Die Pfefferkörner mittelgrob hacken. Die Birne vierteln, schälen und das Kerngehäuse herausschneiden. Die Birne möglichst klein würfeln oder hacken und mit Zitronenschale und -saft, Pfefferkörnern und Walnussöl mischen. Mit Salz abschmecken und zugedeckt kühl stellen.
2. Von den Frühlingszwiebeln die Wurzelenden und die welken grünen Teile entfernen. Die Zwiebeln waschen und in feine Ringe schneiden. Den Knoblauch schälen und fein hacken. Den Thymian waschen, trocken schütteln und die Blättchen von den Stielen streifen. Den Käse klein würfeln, die Walnusskerne fein hacken.
3. Die Butter in einem Suppentopf zerlassen. Zwiebelringe, Knoblauch, Walnusskerne und Thymian bei mittlerer Hitze kurz darin andünsten. Das Mehl darüberstäuben und in 1–2 Minuten unter Rühren anschwitzen. Die Brühe angießen und zum Kochen bringen. Die Suppe offen ca. 5 Minuten bei mittlerer Hitze köcheln lassen. Käse mit der Sahne untermischen und schmelzen lassen.
4. Die Suppe mit Salz, Pfeffer und Muskat abschmecken und in vorgewärmte tiefe Teller oder Suppentassen füllen. Mit etwas Birnen-Tatar garnieren und gleich servieren.

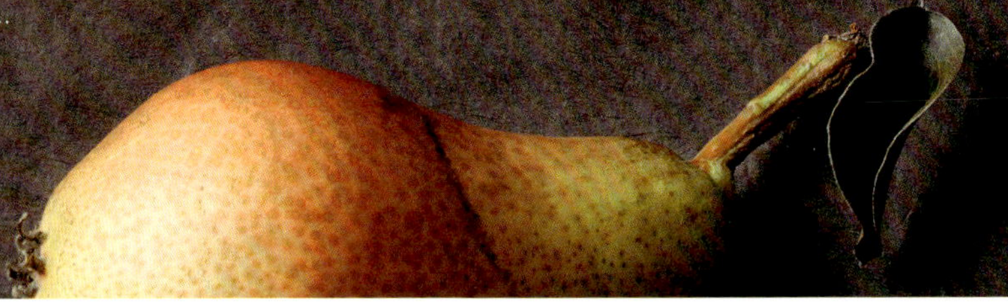

PILZSUPPE

KRAFTPAKET

mit zweierlei Käse

PILZE LIEFERN VITAMIN D, KÄSE BRINGT DAS FETT, MIT DESSEN HILFE DER KÖRPER DAS VITAMIN GUT AUFNEHMEN KANN, UND DAZU NOCH EINE EXTRA- PORTION KALZIUM. DAS GIBT POWER FÜR DIE KNOCHEN!

Zutaten für 4 Portionen

- 400 g Champignons oder Egerlinge
- 1 Zwiebel
- 2 Knoblauchzehen
- 2 Zweige frischer Thymian
- 2 EL Butter
- 3 EL Polenta (Maisgrieß, ersatzweise Weizengrieß)
- 1 kleines Bund Schnittlauch
- 1 l Gemüsebrühe (s. Seite 14/15)
- Salz, Pfeffer aus der Mühle
- 75 g Edelpilzkäse
- 75 g frisch geriebener Parmesan oder Pecorino
- 50 g Sahne
- frisch geriebene Muskatnuss

besonderes Werkzeug

- Pürierstab

Zeitbedarf

- 35 Minuten

So geht's

1. Die Pilze mit feuchtem Küchenpapier sauber abreiben und die Stielenden abschneiden. Etwa 100 g Pilze beiseitelegen, den Rest in kleine Würfel schneiden. Die Zwiebel und den Knoblauch schälen und fein würfeln. Den Thymian waschen, trocken schütteln und die Blättchen von den Stielen streifen.
2. In einem Suppentopf 1 EL Butter zerlassen. Gewürfelte Pilze, Zwiebel, Knoblauch und Thymian darin bei mittlerer Hitze unter Rühren andünsten, bis die Zwiebel glasig ist. Die Polenta dazugeben und kurz mitdünsten.
3. Die Brühe angießen und zum Kochen bringen. Die Suppe offen bei mittlerer Hitze ca. 10 Minuten köcheln lassen.
4. Inzwischen die restlichen Pilze in dünne Scheiben schneiden. Die übrige Butter in einer kleinen Pfanne zerlassen und die Pilze darin bei starker Hitze leicht braun braten, dabei nur selten rühren. Pilze mit Salz und Pfeffer würzen und warm halten. Den Schnittlauch waschen, trocken schütteln und in feine Röllchen schneiden.
5. Die Suppe vom Herd nehmen und im Topf pürieren. Den Edelpilzkäse in kleine Würfel schneiden und mit dem Parmesan und der Sahne unter die Suppe rühren, bis der Käse geschmolzen ist. Mit Salz, Pfeffer und Muskat abschmecken. Die Suppe auf vorgewärmten Suppentellern verteilen und mit den gebratenen Pilzen und den Schnittlauchröllchen garniert servieren.

[a]

DAS IST *wirklich* WICHTIG

[a] GOLDBRAUNE CROÛTONS Sobald die Croûtons die richtige Farbe haben, diese aus der Pfanne nehmen und evtl. auf Küchenkrepp entfetten. Bleiben sie in der heißen Pfanne, garen sie weiter und werden zu dunkel und bitter.

QUITTENSUPPE

GUT FÜR DIE SEELE

mit Zimt-Croûtons

EIN SEELENTRÖSTER FÜR TRÜBE HERBSTTAGE: WARM, SÜSS UND ZART NACH ZIMT DUFTEND LÄSST ER DAS NAHENDE WEIHNACHTSFEST SCHON ERAHNEN.

Zutaten für 4 Portionen

- 800 g Quitten
- 2 EL Butter
- 50 g Zucker
- ½ l Quittensaft (Naturkostladen)
- 2 Scheiben Toastbrot
- ½ EL brauner Zucker
- ½ TL Zimtpulver
- 200 g Crème fraîche

Zeitbedarf

- 30 Minuten

So geht's

1. Von den Quitten mit einem Tuch den Flaum abreiben. Die Quitten vierteln und die Kerngehäuse herausschneiden. Die Früchte schälen und in Scheiben schneiden.
2. Die Butter im Suppentopf zerlassen. Die Quitten darin mit 1 EL Zucker unter Rühren andünsten, bis der Zucker schmilzt. Den Quittensaft angießen und den restlichen Zucker unterrühren. Die Suppe zugedeckt bei mittlerer Hitze etwa 15 Minuten garen, bis die Quitten weich sind.
3. In der Zwischenzeit die Brotscheiben von der Rinde befreien und in kleine Würfel schneiden. Die Butter in einer Pfanne zerlassen und die Brotstücke darin bei mittlerer Hitze unter Rühren knusprig braten. Den Zucker und den Zimt untermischen **[→a]**.
4. Die Quitten in der Flüssigkeit pürieren. Die Crème fraîche unterrühren und die Suppe abschmecken. Die Suppe in tiefe Teller oder Suppentassen füllen und mit ein paar Croûtons bestreuen. Warm servieren.

WOHLIG WARM

und rundum glücklich

VITAMINREICHES SAUERKRAUT, KNACKIGER RADICCHIO, VOM FROST VEREDELTER ROSEN- UND GRÜNKOHL, AROMATISCHE HÜLSENFRÜCHTE UND WÜRZIGE ZWIEBELN: SIE ALLE ZEIGEN SICH JETZT VON IHRER BESTEN SEITE UND BEWEISEN, DASS AUCH DIE KURZEN TAGE KULINARISCH EINE MENGE ZU BIETEN HABEN. SUPPENGLÜCK PUR!

Gulaschsuppe
Linsensuppe

WINTERSUPPEN
tun Leib und Seele gut

JEDER HAT SIE, SEINE GANZ SPEZIELLE LIEBLINGSSUPPE. MIT IHR VERKNÜPFEN WIR GANZ BESONDERE ERINNERUNGEN, SCHÖNE ERLEBNISSE UND GLÜCKLICHE MOMENTE.

ERINNERUNGEN ...

Die Lieblingssuppe, das kann die sein, die man ans Bett serviert bekam, als man krank zu Hause lag, die Nase lief und man sich so richtig schlapp fühlte. Doch mit jedem Löffel merkte man, wie es einem schon wieder besser ging. Das kann aber auch die sein, die man am Abend nach einem langen Tag im Schnee aß, umgeben von guten Freunden, angenehm müde, und rundum zufrieden. Jeder hat sie, diese eine besondere Lieblingssuppen, die schöne Erinnerungen weckt und einfach glücklich macht.

ESSEN UND GUTE LAUNE

Doch nicht nur die Erinnerung, auch die richtigen Zutaten können unsere Stimmung und unser Wohlgefühl beeinflussen. Und gerade im Winter mit den kurzen Tagen brauchen wir das vielleicht ein bisschen häufiger als in der hellen Jahreszeit. Kohlenhydrate, zum Beispiel, sorgen für einen stabilen Blutzuckerspiegel. Und der wiederum garantiert, dass die Vorstufen des Glückshormons Serotonin in ausreichender Menge ins Gehirn transportiert werden. Starke Nerven bekommen wir vor allem durch die Vitamine B1, B6 und Niacin, die wir außer mit Fleisch auch mit Vollkornprodukten zu uns nehmen. Sie sorgen dafür, dass die Müdigkeit verschwindet und wir uns viel besser konzentrieren können.

KNACKPUNKT VITAMIN D

Dieses wichtige Vitamin kann der Körper eigentlich selber herstellen. Allerdings braucht er dazu das Sonnenlicht – und gerade das ist im dunklen Winter oft Mangelware. Vitamin D ist vor allem für die Kalziumaufnahme wichtig und daher entscheidend für stabile Knochen. Um im Winter einem Mangel vorzubeugen, können wir Vitamin D auch mit der Nahrung aufnehmen. Essen Sie im Winter einfach öfter mal Fisch und vor allem auch Pilze, die besonders viel Vitamin D enthalten.

GULASCHSUPPE

WÄRMT UND BERUHIGT

mit Wintergemüse

RINDFLEISCH LIEFERT HOCHWERTIGES EIWEISS UND VIEL VITAMIN B 12. DAS WIRKT AUSGLEICHEND AUF DAS NERVENSYSTEM UND HILFT GEGEN STRESS UND ERSCHÖPFUNG.

Zutaten für 4 Portionen

- 500 g Rinderschulter oder -keule
- 1 große Zwiebel
- 2 Knoblauchzehen
- 1 Möhre
- 1 Stück Knollensellerie (ca. 200 g)
- 1 Pastinake oder Petersilienwurzel
- je 1 EL Butter und Öl
- 1 TL Kümmelsamen
- 1 ¼ l Fleischbrühe (s. Seite 10/11)
- 1 EL Tomatenmark
- Salz, Pfeffer aus der Mühle
- 250 g festkochende Kartoffeln
- 150 g Weißkohl
- 1 TL rosenscharfes Paprikapulver
- saure Sahne zum Servieren

Zeitbedarf

- 30 Minuten
- 1 Stunde garen

So geht's

1. Das Fleisch kalt abbrausen, trocken tupfen und in knapp 1 cm große Würfel schneiden. Zwiebel, Knoblauch, Möhre, Sellerie und Pastinake oder Petersilienwurzel schälen und putzen. Zwiebel und Knoblauch fein hacken, das Gemüse in kleine Würfel schneiden.
2. Die Butter und das Öl in einem Suppentopf erhitzen. Das Fleisch darin mit allen vorbereiteten Zutaten und den Kümmelsamen bei starker Hitze unter Rühren kräftig anbraten. Die Brühe zugießen und zum Kochen bringen. Den Bratensatz durch Rühren lösen und die Suppe mit Tomatenmark, Salz und Pfeffer würzen.
3. Die Suppe zugedeckt bei schwacher Hitze etwa 1 Stunde köcheln lassen, bis das Fleisch schön weich und zart ist.
4. Inzwischen die Kartoffeln schälen, waschen und in 1–2 cm große Würfel schneiden. Den Kohl in einzelne Blätter teilen, dicke Blattrippen herausschneiden und den Kohl in nicht zu lange Streifen schneiden. Beides unter die Suppe mischen und alles weitere 10–15 Minuten garen, bis die Kartoffeln weich sind.
5. Die Suppe mit dem Paprikapulver und bei Bedarf noch mit etwas Salz und Pfeffer abschmecken und in vorgewärmten Suppentellern servieren. Saure Sahne dazu stellen, von der sich jeder nach Belieben bedienen kann.

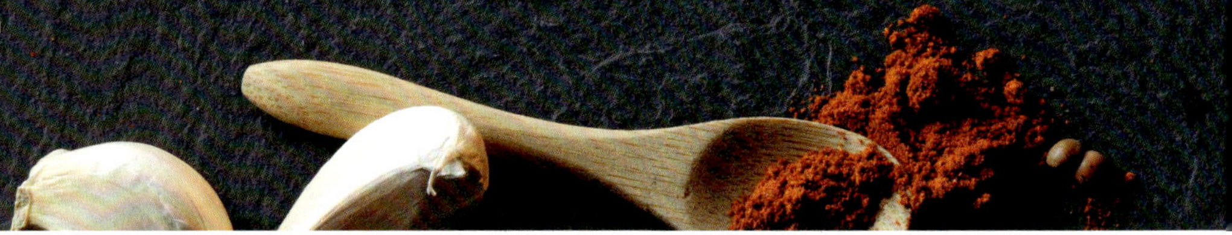

LINSENSUPPE

BRINGT ENERGIE

mit Fenchel und Bratwurst

LINSEN LIEFERN KOHLENHYDRATE UND BALLASTSTOFFE. GENAU DAS, WAS WIR NACH EINEM NASSKALTEN, GRAUEN WINTERTAG BRAUCHEN, UM NEUE ENERGIE ZU BEKOMMEN.

Zutaten für 4 Portionen

- 200 g Berg- oder Puy-Linsen
- 1 Zwiebel
- 2 Knoblauchzehen
- 1 Fenchelknolle mit viel Grün
- 300 g rohe Bratwürste
- 2 EL Olivenöl
- 1 TL Fenchelsamen
- ½ TL Chiliflocken
- 1 l Gemüsebrühe (s. Seite 14/15)
- 2 EL Pastis (franz. Anisschnaps) nach Belieben
- 2 EL Sahne
- ca. 1 EL Zitronensaft
- Salz

Zeitbedarf
- 50 Minuten

So geht's

1. Die Linsen verlesen und mit ½ l Wasser zum Kochen bringen. Die Linsen in ca. 30 Minuten bei mittlerer bis schwacher Hitze und halb aufgelegtem Deckel bissfest kochen.
2. Inzwischen die Zwiebel und den Knoblauch schälen und klein würfeln. Den Fenchel waschen, alle welken Stellen und die trockenen Stielenden entfernen. Fenchelgrün beiseitelegen. Die Knolle halbieren, dann vierteln und den Strunk herausschneiden. Die Fenchelviertel in 1–2 cm große Würfel schneiden. Die Bratwürste in dünne Scheiben schneiden.
3. In einem Suppentopf 1 EL Öl erhitzen, Fenchel mit Zwiebel, Knoblauch, Fenchelsamen und Chiliflocken darin bei mittlerer Hitze unter Rühren andünsten, bis die Zwiebel glasig ist. Die Brühe und nach Belieben Pastis zugießen und zum Kochen bringen. Den Fenchel bei mittlerer Hitze in ca. 3 Minuten bissfest garen.
4. Inzwischen das übrige Öl in einer Pfanne erhitzen, die Wurstscheiben darin bei mittlerer Hitze auf beiden Seiten anbraten, bis sie nicht mehr rot aussehen.
5. Die Linsen in ein Sieb gießen und zum Fenchel geben, die Sahne unterrühren und die Suppe mit Zitronensaft und Salz abschmecken. Die Wurstscheiben untermischen. Das Fenchelgrün fein hacken und vor dem Servieren auf die Suppe streuen.

[a]

DAS IST *wirklich* WICHTIG

[a] ORANGENSCHALE ABREIBEN
Reiben Sie nur die obere gelbe Schicht der Schale ab, das Weiße darunter ist bitter. Falls Sie keine hochwertige Reibe haben, geht es auch so: Ein Stück Pergamentpapier auf die Reibefläche legen und andrücken, bis sich die Spitzen der Reibe durch das Papier drücken. Jetzt die Orangenschale abreiben. Sie lässt sich danach ganz leicht vom Papier abstreifen.

LAMMSUPPE

MACHT GUTE LAUNE

mit Datteln und Orange

DATTELN ENTHALTEN TRYPTOPHAN, DAS IN DAS WOHLFÜHLHORMON SEROTONIN UMGEWANDELT WIRD – GENAU DAS RICHTIGE FÜR TRÜBE TAGE.

Zutaten für 4 Portionen

- 1 Briefchen Safranfäden (0,1 g)
- 250 g magere Lammschulter oder -keule ohne Knochen
- 2 Schalotten
- 2 Knoblauchzehen
- 1 Stange Lauch
- 1 geh. TL Koriandersamen
- 2 EL Olivenöl
- ¾ l Gemüse- oder Fleischbrühe (s. Seite 10/11 oder 14/15)
- 1 TL Chiliflocken
- 1 Stück Kürbis (etwa 300 g)
- 3 fleischige Datteln
- 3 getrocknete Aprikosen
- 1 Bio-Orange
- Salz
- ¼ Bund Minze oder Petersilie
- 200 g Joghurt
- ½ TL gemahlener Koriander

Zeitbedarf

- 1 Stunde

So geht's

1. Die Safranfäden zwischen den Fingern zerreiben und in ¼ l Wasser rühren. Stehen lassen, bis sich das Wasser kräftig gelb verfärbt hat (s. Seite 66/67).
2. Inzwischen das Lammfleisch von größeren Fettstücken und den Sehnen befreien und in knapp 1 cm große Würfel schneiden. Die Schalotten und den Knoblauch schälen und klein würfeln. Den Lauch putzen, längs aufschneiden und gründlich waschen. Den Lauch in feine Streifen schneiden.
3. Einen Suppentopf auf dem Herd erhitzen, den Koriander darin ohne Fett unter Rühren 1–2 Minuten rösten. In einen Mörser umfüllen und fein zerdrücken.
4. Das Öl in den Topf geben und das Fleisch in 2 Portionen kräftig anbraten, wieder herausnehmen. Schalotten, Knoblauch und Lauch im Bratfett andünsten. Mit Brühe ablöschen, das Fleisch wieder dazugeben und mit Koriander und Chiliflocken würzen. Die Suppe zugedeckt bei mittlerer Hitze 30 Minuten köcheln lassen.
5. Inzwischen den Kürbis entkernen, schälen und in 1 cm große Würfel schneiden (s. Seite 82/83). Die Datteln aufschneiden, entsteinen und in feine Streifen schneiden. Die Aprikosen ebenfalls in Streifen schneiden. Die Orange heiß waschen und abtrocknen, die Schale fein abreiben **[→a]** und den Saft auspressen.
6. Kürbis mit abgeriebener Orangenschale, Datteln und Aprikosen zum Lamm geben, Safranwasser und Orangensaft angießen. Die Suppe salzen und weitere 10–15 Minuten kochen lassen.
7. Minze oder Petersilie waschen und trocken schütteln. Die Blättchen abzupfen und fein hacken. Die Suppe abschmecken und mit der Minze bestreut servieren. Joghurt mit Salz und Koriander abschmecken und mit auf den Tisch stellen.

WÜRZMISCHUNGEN
für noch mehr Geschmack

FRISCHE ZUTATEN UND WÜRZIGES GEMÜSE VERLEIHEN DEN WINTERSUPPEN SCHON EINE GANZE MENGE AROMA. AN FROSTIGEN TAGEN KÖNNEN WIR ABER NOCH EINEN KLEINEN KICK EXTRA VERTRAGEN – DAS MACHT GUTE LAUNE UND WÄRMT VON INNEN.

FEURIGE CURRYMISCHUNG

4 Kardamomkapseln, 2 getrocknete Chilischoten, je 2 TL Kreuzkümmel-, Koriander-, gelbe Senf- und Fenchelsamen und schwarze Pfefferkörner, 1 Stück Zimtstange (ca. 2 cm), 2 Gewürznelken, 1 Lorbeerblatt, 1 Stück Bio-Zitronenschale (ca. 2 cm), 1 EL Kurkumapulver

So geht's: Die Kardamomkapseln aufbrechen und die Samen herauslösen. Die Samen mit Chilischoten, Kreuzkümmel, Koriander, Senf, Fenchel, Pfeffer, Zimt, Nelken, Lorbeer und Zitronenschale in einer Pfanne bei schwacher Hitze unter Rühren 2–3 Minuten rösten. In einem Mörser fein zerstoßen oder in einer Gewürzmühle fein zerkleinern und mit dem Kurkuma mischen. In einem Schraubglas kühl und dunkel lagern.

Passt zu: Allen indisch angehauchten Suppen, aber auch zu Cremesuppen aus Hülsenfrüchten, sowie zu Kartoffel- oder Nudelsuppe.

KÜRBISKERN-PILZ-WÜRZE

4 EL Kürbiskerne, 2 TL Koriandersamen, 1 EL getrocknete Steinpilze, 1 TL getrockneter Thymian, 1 TL schwarze Pfefferkörner, 1 TL Salz

So geht's: Die Kürbiskerne in einer Pfanne bei mittlerer Hitze unter Rühren 1–2 Minuten anrösten. Koriander, Pilze, Thymian und Pfeffer dazugeben und alles noch einmal 1–2 Minuten rösten. Die Mischung in den Mörser geben und so fein wie möglich zerstoßen. Mit dem Salz mischen und in einem Schraubglas kühl und dunkel aufbewahren.

Passt zu: Winterlichen Gemüse-, Fleisch- oder Hülsenfruchtsuppen, aber auch zu Kürbiscreme- oder Kartoffelsuppe.

FENCHEL-ROSMARIN-SALZ

2 Zweige Rosmarin, 1 TL Fenchelsamen, 50 g grobe Salzkörner

So geht's: Den Rosmarin kalt abspülen und trocken schütteln. Die Nadeln abzupfen und mit Küchenpapier gut trocken tupfen. Die Nadeln mit den Fenchelsamen in einer kleinen Pfanne bei mittlerer Hitze 1–2 Minuten unter ständigem Rühren anrösten. Vorsicht, der Rosmarin soll nicht zu dunkel werden. Rosmarin und Fenchel in einen Mörser geben und so fein wie möglich zerdrücken. Das Salz dazugeben und weiter mörsern, bis sich alles gut vermischt hat. In einem Schraubglas kühl und dunkel lagern.

Passt zu: Allen mediterran angehauchten Suppen, aber auch zu Gulaschsuppe, Brot- oder Zwiebelsuppe.

SESAM-LIMETTEN SALZ

1 Bio-Limette, 2 TL Puderzucker, 50 g Sesamsamen, 50 g grobe Salzkörner

So geht's: Die Limette heiß waschen und abtrocknen, in dünne Scheiben schneiden und auf ein mit Backpapier belegtes Backblech legen. Den Puderzucker auf die Scheiben streuen. Den Backofen auf 80 °C (Ober- und Unterhitze oder Umluft) vorheizen. Die Limettenscheiben im Backofen (Mitte) etwa 2 Stunden trocknen lassen. Die Sesamsamen in einer Pfanne bei mittlerer Hitze unter Rühren anrösten, bis sie anfangen zu springen. In den Mörser geben und so fein wie möglich zerdrücken. Limetten zusammen mit Sesam und Salz im Blitzhacker fein zerkleinern. In einem Schraubglas kühl und dunkel lagern.

Passt zu: Allen asiatischen Suppen, aber auch sehr gut zu Kartoffelcremesuppe oder zu Suppen mit Hülsenfrüchten.

SAUERKRAUTSUPPE

WECKT LEBENSGEISTER

mit Apfel und Fisch

JEDE MENGE VITAMIN C UND D SOWIE DER ERFRISCHEND SÄUERLICHE GESCHMACK MACHEN AN WINTERTAGEN RICHTIG MUNTER.

Zutaten für 4 Portionen

- 1 Stange Lauch
- 1 großer säuerlicher Apfel
- 2 Knoblauchzehen
- 250 g Sauerkraut
- 1 EL Butter
- 2 TL Zucker
- 1 TL Kümmelsamen
- je 1 TL rosenscharfes und edelsüßes Paprikapulver
- 900 ml Gemüsebrühe (s. Seite 14/15)
- 150 g eingelegte, gehäutete Paprika (Glas)
- 400 g Fischfilet ohne Haut (z. B. Saibling oder Zander)
- 100 g Sahne
- Salz, Pfeffer aus der Mühle
- ½ Bund Petersilie

Zeitbedarf

- 55 Minuten

So geht's

1. Vom Lauch das Wurzelende und die welken grünen Teile abschneiden. Den Lauch der Länge nach aufschneiden, gründlich waschen und in Streifen schneiden. Den Apfel vierteln, schälen und das Kerngehäuse entfernen. Den Apfel klein würfeln. Den Knoblauch schälen und fein hacken. Das Sauerkraut zerpflücken und etwas kleiner schneiden.
2. Die Butter mit dem Zucker in einem Suppentopf schmelzen. Das Sauerkraut darin unter Rühren anrösten. Lauch, Apfel und Knoblauch mit dem Kümmel dazugeben und kurz mitbraten. Beide Sorten Paprikapulver darüberstäuben und kurz anschwitzen.
3. Die Brühe angießen und zum Kochen bringen. Alles zugedeckt bei schwacher Hitze etwa 30 Minuten garen, bis das Sauerkraut bissfest ist.
4. Die Paprika abtropfen lassen und in Streifen schneiden. Die Fischfilets kalt abspülen und trocken tupfen, in mundgerechte Stücke schneiden.
5. Die Sahne unter die Suppe rühren, mit Salz und Pfeffer würzen. Paprika und Fischstücke einlegen und bei schwacher Hitze in etwa 2 Minuten darin gar ziehen lassen (s. Seite 66/67). Die Petersilie waschen und trocken schütteln. Die Blättchen abzupfen und vor dem Servieren auf die Suppe streuen.

ENERGIESPENDER

ERBSENSUPPE

mit frittiertem Grünkohl

SO DUFTEN ERINNERUNGEN ... DER GRÜNKOHL GIBT DAZU NOCH EINE VITAMIN- UND MINERALSTOFFSPRITZE, DAMIT WIR MIT VIEL ENERGIE BIS ZUM NAHENDEN FRÜHJAHR DURCHHALTEN.

Zutaten für 4 Portionen

- 1 Bund Suppengrün
- 1 Zwiebel
- 2 Knoblauchzehen
- 2 Kasseler-Koteletts mit Knochen
- 1 EL Butter
- 200 g getrocknete, geschälte gelbe oder grüne Erbsen
- 200 g Grünkohl
- 2–3 EL Zitronensaft oder guter Essig
- Salz, Pfeffer aus der Mühle
- 1 Prise frisch geriebene Muskatnuss
- ½ l neutrales Öl oder Pflanzenfett zum Frittieren

besonderes Werkzeug
- Pürierstab

Zeitbedarf
- 50 Minuten

So geht's

1. Das Suppengrün waschen, bei Bedarf schälen, putzen und klein würfeln. Die Zwiebel und den Knoblauch schälen und fein hacken. Von den Kasseler-Koteletts die Knochen abschneiden.
2. Die Butter im Suppentopf zerlassen und Suppengrün, Zwiebel und Knoblauch darin bei starker Hitze kurz anbraten. Die Kasseler-Knochen und die Erbsen dazugeben und mit 1 ½ l Wasser aufgießen. Nicht salzen, sonst werden die Erbsen nicht gar. Zum Kochen bringen und bei schwacher Hitze und halb aufgelegtem Deckel 30 Minuten garen, bis die Erbsen so weich sind, dass sie fast zerfallen.
3. Kurz vor Ende der Garzeit den Grünkohl waschen. Dann die Blätter von den dicken Stielen abstreifen oder -schneiden. Blätter in ca. 1 cm breite Streifen schneiden und trocken tupfen. Die Koteletts in kleine Würfel schneiden.
4. Die Knochen aus dem Suppentopf entfernen. Die Suppe vom Herd nehmen und pürieren. Das Kasseler untermischen, erst jetzt salzen und die Suppe mit Zitronensaft, Pfeffer und Muskat würzig abschmecken.
5. Das Öl oder Pflanzenfett in einem Topf auf max. 170 °C erhitzen (s. Seite 42/43). Die Grünkohlstreifen darin in 3–4 Minuten knusprig frittieren. Mit dem Schaumlöffel herausheben und auf einer dicken Lage Küchenpapier entfetten lassen. Die Suppe auf tiefen Tellern verteilen und jeweils mit etwas frittiertem Grünkohl garnieren. Gleich servieren.

LEBERSPÄTZLESUPPE

GIBT GEBORGENHEIT

süddeutsche Spezialität

ALS KIND INTERESSIERTE ES UNS KAUM, DASS LEBER SO GESUND IST. JETZT WISSEN WIR: LEBER ENTHÄLT VIEL EISEN UND ZINK – UND GENIESSEN DIESE SUPPE UND UNSERE KINDHEITSERINNERUNGEN.

Zutaten für 4 Portionen

- 125 g Kalbsleber
- 1 kleine Zwiebel
- ¼ Bund Petersilie
- 1 Ei (Größe M)
- 4 EL Milch
- 40 g Semmelbrösel
- Salz, Pfeffer aus der Mühle
- frisch geriebene Muskatnuss
- 1 größere Petersilienwurzel oder Pastinake
- 1 l Fleischbrühe (s. Seite 10/11)
- 1 Bund Schnittlauch

besonderes Werkzeug
- Spätzlehobel

Zeitbedarf
- 45 Minuten

So geht's

1. Die Kalbsleber putzen, dafür sämtliche Häutchen und Sehnen abschneiden. Dann die Leber mit einem großen schweren Küchenmesser erst in kleine Stücke schneiden, dann fein hacken, bis sie fast musig ist. Die Zwiebel schälen und fein reiben. Die Petersilie waschen und trocken schütteln, die Blättchen abzupfen und fein hacken.
2. Leber, Zwiebel und Petersilie mit Ei, Milch und Semmelbröseln verrühren, mit Salz, Pfeffer und Muskat abschmecken und ca. 15 Minuten quellen lassen.
3. Inzwischen die Petersilienwurzel oder Pastinake schälen und putzen. Die Wurzel erst in dünne Scheiben, diese dann in feine Streifen schneiden. Die Gemüsestreifen mit der Brühe in einem Suppentopf zum Kochen bringen und offen ca. 2 Minuten kochen lassen.
4. Die Lebermasse mithilfe eines Spätzlehobels in die leise kochende Brühe hobeln. Bei schwacher Hitze in ca. 5 Minuten darin gar ziehen lassen.
5. Inzwischen den Schnittlauch waschen und trocken schütteln. Halme in feine Röllchen schneiden. Die Leberspätzlesuppe in vorgewärmte Teller geben und mit Schnittlauch bestreut servieren.

DAS IST *wirklich* WICHTIG

[a] LAUCH VORBEREITEN Wurzelbüschel und alle dunkelgrünen, welken Teile abschneiden. Die Stange dann der Länge nach aufschlitzen und unter fließendem Wasser gründlich abspülen. Dabei die einzelnen Schichten auseinanderbiegen, denn hier sammeln sich Erd- und Sandreste.

[a]

GERSTENSUPPE

ALLESKÖNNER

Bündner Spezialität

GETREIDE PASST PERFEKT IN DEN WINTER: ES IST REICH AN BALLASTSTOFFEN, EISEN, MAGNESIUM UND B-VITAMINEN UND HAT DABEI NUR GANZ WENIG FETT.

Zutaten für 4 Portionen

- 1 Stange Lauch
- 1 dicke Möhre
- 1 Stück Knollensellerie (etwa 150 g)
- 1 Zwiebel
- 75 g durchwachsener Räucherspeck
- 1 EL Butter
- 1 TL Kümmelsamen nach Belieben
- 100 g Graupen (Rollgerste)
- gut 1 l Fleisch- oder Gemüsebrühe (s. Seite 10/11 oder 14/15)
- 6 Zweige Petersilie
- 100 g Sahne
- Salz, Pfeffer aus der Mühle
- 50 g Bündner Fleisch in sehr dünnen Scheiben

Zeitbedarf

- 1 Stunde 15 Minuten

So geht's

1. Den Lauch putzen, waschen [→a] und fein schneiden. Die Möhre, den Sellerie und die Zwiebel schälen und ebenfalls fein schneiden. Den Speck von der Schwarte und allen Knorpeln befreien und in kleine Würfel schneiden.
2. Die Butter im Suppentopf zerlassen, den Speck darin unter Rühren bei mittlerer Hitze glasig und ganz leicht braun werden lassen. Das Gemüse mit der Zwiebel und nach Belieben dem Kümmel dazugeben und andünsten. Die Graupen zugeben und ebenfalls kurz andünsten. Die Brühe zugießen und zum Kochen bringen.
3. Die Suppe zugedeckt bei schwacher Hitze ca. 50 Minuten köcheln lassen, bis die Graupen weich sind. Falls nötig, in dieser Zeit noch etwas Brühe zugießen.
4. Die Petersilie waschen und trocken schütteln. Die Blättchen abzupfen und fein schneiden. Die Sahne unter die Suppe mischen. Die Suppe mit Salz und Pfeffer abschmecken und die Petersilie unterrühren. Die Suppe auf vorgewärmten Tellern verteilen und jeweils mit ein paar Scheiben Bündner Fleisch garnieren. Die restlichen Scheiben mit auf den Tisch stellen.

SO SCHMECKT'S AUCH | MIT KOHL **Versuchen Sie statt den genannten Gemüsesorten auch einmal Rosenkohl, Wirsing und/oder Weißkohl in der Suppe. Auch Sauerkraut passt wunderbar dazu.**

ZWIEBELSUPPE

AKTIVIERT SELBSTHEILUNG

mit Käse-Croûtons

ZWIEBELN SIND DIE PERFEKTE HAUSAPOTHEKE. SIE HALTEN DIE GEFÄSSE JUNG UND HELFEN GEGEN HUSTEN, HALS-, OHREN- UND BAUCHSCHMERZEN.

Zutaten für 4 Portionen

- 800 g Zwiebeln (am besten rote und Schalotten gemischt)
- 1 dünne Stange Lauch
- 2 Zweige Rosmarin
- 2 EL Butter
- 2 TL Olivenöl
- 1 TL brauner Zucker
- 1 EL Mehl
- 1 Schuss trockener Sherry nach Belieben
- 1 l Fleisch- oder Gemüsebrühe (s. Seite 10/11 oder 14/15)
- Salz, Pfeffer aus der Mühle
- 1 Prise rosenscharfes Paprikapulver
- 100 g frisch geriebener würziger Käse (z. B. Appenzeller, Greyerzer oder Cheddar)
- 4 Scheiben Bauernbrot

Zeitbedarf

- 50 Minuten

So geht's

1. Die Zwiebeln schälen und in feine Scheiben schneiden oder hobeln. Vom Lauch das Wurzelende und die welken grünen Teile abschneiden. Den Lauch der Länge nach aufschlitzen und gründlich waschen, auch zwischen den Schichten. Den Lauch quer in feine Streifen schneiden. Den Rosmarin waschen und trocken schütteln, die Nadeln abzupfen und fein hacken.
2. Den Backofen auf 250 °C (Ober- und Unterhitze; Umluft 220 °C) vorheizen. Die Butter und das Öl in einem Suppentopf erhitzen. Die Zwiebeln und den Lauch darin mit dem Rosmarin andünsten. Den Zucker darüberstreuen und unter Rühren schmelzen lassen. Zwiebeln weiter dünsten, bis sie leicht braun werden. Mehl darüberstäuben und gut anschwitzen. Nach Belieben den Sherry angießen und den Bratenansatz damit lösen. Die Brühe angießen und zum Kochen bringen. Die Suppe offen bei mittlerer Hitze etwa 10 Minuten köcheln lassen, bis die Zwiebeln bissfest sind.
3. Die Suppe mit Salz, Pfeffer und Paprikapulver abschmecken und in weite feuerfeste Formen füllen. Den Käse auf die Brote streuen und jeweils 1 Brot auf jede Suppenportion setzen. Im heißen Ofen (Mitte) etwa 5 Minuten backen, bis der Käse geschmolzen und schön braun ist.

SO SCHMECKT'S AUCH | MIT WEISSWEIN **Käse und Weißwein passen gut zusammen. Wer mag, kann also bis zu ¼ l Brühe durch trockenen Weißwein ersetzen.**

BREZENSUPPE

WÄRMT DAS HERZ

mit Sellerie und Möhren

ES KNISTERT SO SCHON HEIMELIG, WENN SICH DIE KNUSPRIG GERÖSTETEN BREZENSCHEIBEN MIT DER DAMPFENDEN BRÜHE VOLLSAUGEN. EBEN EINE ECHT BAYERISCHE WOHLFÜHLSUPPE!

Zutaten für 4 Portionen

- 4 altbackene Laugenbrezen (vom Vortag)
- 2 Möhren
- 200 g Knollensellerie
- 1 EL Butter
- 1 EL Öl
- 1 TL Kümmelsamen
- 1 l Fleisch- oder Gemüsebrühe (s. Seite 10/11 oder 14/15)
- 1 Bund Schnittlauch
- Salz, Pfeffer aus der Mühle
- 1 Prise gemahlener Koriander

Zeitbedarf

- 30 Minuten

So geht's

1. Die Brezen in dünne Scheiben schneiden. Das Gemüse schälen und putzen. Möhren und Sellerie erst in dünne Scheiben, dann in feine Stifte schneiden.
2. In einem Suppentopf die Butter zerlassen und die Brezenscheiben darin bei mittlerer Hitze unter Rühren schön knusprig braten, in eine Suppenschüssel füllen.
3. Nun das Öl im Topf erhitzen. Die Gemüsestifte mit dem Kümmel einrühren und bei mittlerer Hitze unter Rühren ca. 5 Minuten anbraten, bis sie bissfest und leicht braun sind. Mit der Brühe ablöschen und zum Kochen bringen. Die Suppe zugedeckt bei schwacher Hitze ca. 4 Minuten köcheln lassen.
4. Inzwischen den Schnittlauch waschen, trocken schütteln und in feine Röllchen schneiden. Die Suppe mit Salz, Pfeffer und Koriander würzen und zu den Brezenscheiben in der Schüssel gießen. Kurz stehen lassen, dann auf Suppentellern verteilen und jeweils mit etwas Schnittlauch bestreut servieren.

DAZU PASST | MEERRETTICHCREME Dafür 1 Stück frischen Meerrettich (ca. 3 cm) schälen und fein reiben. Mit 50 g saurer Sahne und 1 TL süßem Senf verrühren und mit Salz abschmecken. Zur Suppe servieren, damit sich jeder nach Belieben die Suppe damit verfeinern kann.

BROTSUPPE

BRINGT HARMONIE

mit Lauch und Käse

BEI DIESER SUPPE WIRD ALTBACKENES BROT ZUM STAR UND DAS FREUT UNS, WEIL WIR RESTE SINNVOLL VERWERTEN KÖNNEN. TOLL, WORAUS ALLES EINE CREMIG-AROMATISCHE SUPPE WERDEN KANN.

Zutaten für 4 Portionen

- 1 Zwiebel
- 1 Stange Lauch
- 150 g altbackenes dunkles Roggenbrot
- 2 EL Butter
- 1–2 TL Kümmelsamen
- 1 l Gemüsebrühe (s. Seite 14/15)
- 150 g würziger Bergkäse
- 1 Bund Schnittlauch
- 75 g Sahne
- Salz, Pfeffer aus der Mühle
- frisch geriebene Muskatnuss

Zeitbedarf

- 25 Minuten

So geht's

1. Die Zwiebel schälen, achteln und quer in feine Streifen schneiden. Vom Lauch das Wurzelende und die dunkelgrünen Teile entfernen. Den Rest längs bis zur Mitte einschneiden und waschen – auch zwischen den Schichten. Dann in feine Streifen schneiden. Das Brot in kleine Würfel schneiden. 2 EL davon beiseitelegen.
2. In einem Suppentopf 1 EL Butter zerlassen. Die Zwiebel und den Lauch darin mit den Kümmelsamen unter Rühren bei mittlerer Hitze andünsten, bis die Zwiebel glasig ist. Die restlichen Brotwürfel dazugeben und kurz mitdünsten.
3. Die Brühe angießen und zum Kochen bringen. Die Suppe offen bei mittlerer Hitze ca. 10 Minuten köcheln lassen, bis das Brot weich ist und die Suppe bindet.
4. Inzwischen den Käse entrinden und fein reiben. Den Schnittlauch waschen, trocken schütteln und in feine Röllchen schneiden. Die übrige Butter in einer kleinen Pfanne zerlassen und die beiseitegelegten Brotwürfel darin bei mittlerer Hitze unter Rühren knusprig braten. Auf einen Teller geben.
5. Die Sahne und gut 100 g geriebenen Käse zur Suppe geben und den Käse unter Rühren schmelzen lassen. Die Suppe mit Salz, Pfeffer und Muskat abschmecken und auf vorgewärmten Tellern verteilen. Mit ein paar Brotwürfeln, Schnittlauchröllchen und geriebenem Käse bestreuen und gleich servieren.

BESONDERS VITAMINREICH

WINTERMINESTRONE *mit Parmesan*

AUCH DIE WINTERLICHE VARIANTE DIESES SUPPENKLASSIKERS PUNKTET MIT JEDER MENGE VITAMINEN UND DEM HERRLICHEN AROMA VON PARMESAN.

Zutaten für 4 Portionen

- 1 kg gemischtes Wintergemüse (z. B. Weißkohl, Wirsing, Möhren, Knollensellerie, Lauch, Petersilienwurzeln, Pastinaken, festkochende Kartoffeln)
- 2 Knoblauchzehen
- 2 EL Olivenöl
- 1 TL getrockneter Thymian
- 1 l Gemüsebrühe (s. Seite 14/15)
- 1 Stück Parmesanrinde
- 2 Lorbeerblätter
- 100 g kleine Nudeln oder weiße Bohnen aus der Dose
- Salz, Pfeffer aus der Mühle
- 2 TL Tomatenmark
- frisch geriebener Parmesan zum Servieren

Zeitbedarf

- 50 Minuten

So geht's

1. Das Gemüse je nach Sorte schälen oder waschen, putzen und in kleine Würfel oder feine Streifen schneiden. Den Knoblauch schälen und fein hacken.
2. Das Öl im Suppentopf erhitzen. Das Gemüse darin mit dem Knoblauch und dem zerrebelten Thymian unter Rühren ein paar Minuten andünsten.
3. Die Brühe zugießen und zum Kochen bringen. Die Parmesanrinde und den Lorbeer einlegen und die Suppe bei halb aufgelegtem Deckel etwa 15 Minuten garen, bis das Gemüse bissfest ist.
4. Inzwischen für die Nudeln Wasser zum Kochen bringen und salzen. Die Nudeln darin nach Packungsangabe bissfest kochen, in einem Sieb kalt abschrecken und abtropfen lassen. Oder die Bohnen in einem Sieb gründlich kalt abspülen.
5. Die Nudeln oder die Bohnen unter die Suppe mischen und erhitzen. Die Suppe mit Salz, Pfeffer und Tomatenmark abschmecken. Die Parmesanrinde und die Lorbeerblätter aus der Suppe entfernen. Die Suppe heiß servieren. Den geriebenen Parmesan extra dazu reichen.

MUNTERMACHER

MÖHRENSUPPE

mit Orange, Ingwer und Koriander

LEUCHTEND ORANGE STRAHLT UNS DIESE SUPPE AN DUNKLEN WINTERTAGEN ENTGEGEN: SONNE ZUM LÖFFELN – DAS LÄSST UNS STRAHLEN.

Zutaten für 4 Portionen

- 500 g Möhren
- 2 Bio-Orangen
- 1 Stück frischer Ingwer (etwa 4 cm)
- 1 Zwiebel
- 2 EL Butter
- 1 TL Chiliflocken nach Belieben
- 800 ml Gemüsebrühe (s. Seite 14/15)
- 1 kleines Bund Schnittlauch
- 50 g Crème fraîche oder Sahne
- Salz, Pfeffer aus der Mühle
- 1 kräftige Prise gemahlener Koriander
- 1 TL Honig

besonderes Werkzeug

- Pürierstab

Zeitbedarf

- 35 Minuten

So geht's

1. Die Möhren schälen, putzen und klein würfeln. 1 Orange heiß waschen und abtrocknen, die Schale fein abreiben (s. Seite 110/111) und beiseitestellen. Beide Orangen auspressen. Den Ingwer und die Zwiebel schälen und fein hacken.
2. Die Butter im Suppentopf erhitzen. Die Zwiebel darin mit den Chiliflocken andünsten. Die Möhren mit dem Ingwer dazugeben und kurz mitdünsten.
3. Die Brühe und den Orangensaft zugießen und zum Kochen bringen. Die Suppe zugedeckt bei schwacher Hitze etwa 20 Minuten kochen, bis die Möhren schön weich sind.
4. Inzwischen den Schnittlauch waschen, trocken schütteln und in feine Röllchen schneiden.
5. Die Suppe im Topf fein pürieren. Die Crème fraîche oder Sahne unterrühren und die Suppe mit Salz, Pfeffer und Koriander abschmecken. Die Orangenschale und den Honig untermischen und die Suppe mit dem Schnittlauch bestreut servieren.

FATBURNER

RADICCHIOSUPPE

mit weißen Bohnen und Pancetta

DIE BITTERSTOFFE AUS DEM RADICCHIO REGEN DIE FETTVERDAUUNG AN UND TUN DAMIT BESONDERS DER LEBER GUT.

Zutaten für 4 Portionen

- 1 große Zwiebel
- 150 g Pancetta in dünnen Scheiben
- 150 g Radicchio
- 1 EL Olivenöl
- 1 TL getrockneter Thymian
- ¼–½ TL Chiliflocken
- 1 l Fleisch- oder Gemüsebrühe (s. Seite 10/11 oder 14/15)
- 1 Dose gekochte weiße Bohnen (ca. 240 g Abtropfgewicht)
- 2 Lauchzwiebeln (nur das Grüne)
- 1 EL Aceto balsamico
- ½ TL Honig
- Salz

Zeitbedarf

- 30 Minuten

So geht's

1. Die Zwiebel schälen, vierteln und in feine Streifen schneiden. Vom Pancetta 2–3 Scheiben abnehmen und beiseitelegen, den Rest klein würfeln. Die Radicchioblätter ablösen, waschen, trocken schütteln und in Streifen schneiden.
2. Das Olivenöl im Suppentopf erwärmen, den Pancetta darin unter Rühren bei mittlerer bis starker Hitze braten, bis er glasig und leicht braun ist. Die Zwiebel mit dem Thymian und den Chiliflocken dazugeben und alles bei mittlerer Hitze noch etwa 5 Minuten braten, bis die Zwiebel bissfest ist. Den Radicchio untermischen und kurz mitbraten.
3. Die Brühe dazugießen und aufkochen. Die Suppe offen 2–3 Minuten köcheln lassen. Inzwischen die Bohnen in einem Sieb kalt abbrausen, bis das abfließende Wasser klar bleibt. Die Bohnen unter die Suppe rühren und warm werden lassen.
4. Die restlichen Pancettascheiben in Streifen schneiden und in einer Pfanne bei mittlerer bis starker Hitze knusprig braten. Das Grün der Lauchzwiebeln waschen und in feine Ringe schneiden.
5. Balsamico und Honig unter die Suppe rühren und mit Salz abschmecken. Auf tiefen Tellern verteilen und mit den Pancettastreifen und den Zwiebelringen garnieren.

DAZU PASST | BALSAMICO **Falls Sie echten Balsamico tradizionale di Modena zu Hause haben, stellen Sie das kleine Fläschchen zum Nachwürzen der Suppe mit auf den Tisch. Ein paar Tropfen davon schmecken köstlich in dieser Suppe.**

KICHERERBSENSUPPE

MACHT GUTE LAUNE

mit gebratenen Knoblauchgarnelen

DIE ERBSEN HABEN IHREN NAMEN NICHT UMSONST: DIE KOMBINATION AUS 20 PROZENT EIWEISS UND 40 PROZENT KOHLENHYDRATEN ERZEUGT IM GEHIRN GLÜCKSGEFÜHLE. KEINE CHANCE DEM WINTERBLUES!

Zutaten für 4 Portionen

- 200 g getrocknete Kichererbsen
- je 1 Zweig Thymian, Rosmarin und Salbei
- 2 getrocknete Chilischoten
- 2 Lorbeerblätter
- 2 TL Natron (Backzutatenregal)
- 2 Schalotten
- 4 EL Olivenöl
- 1 l Gemüsebrühe (s. Seite 14/15)
- 12 rohe geschälte Garnelen
- 4 Knoblauchzehen
- 4 Stängel Petersilie
- Salz

besonderes Werkzeug

- Pürierstab

Zeitbedarf

- 25 Minuten
- mind. 8 Stunden einweichen
- 1 ½ Stunden kochen

So geht's

1. Die Kichererbsen in einer Schüssel mit lauwarmem Wasser bedecken und mindestens 8 Stunden oder über Nacht einweichen.
2. Eingeweichte Kichererbsen in ein Sieb gießen und in einen Topf geben, mit frischem Wasser bedecken und zum Kochen bringen. Inzwischen die Kräuter abbrausen, die Chilischoten leicht andrücken und mit Kräutern, Lorbeerblättern und Natron zu den Kichererbsen geben. Alles mit halb aufgelegtem Deckel bei mittlerer Hitze in ca. 1 Stunde weich garen. Dann abgießen, abtropfen lassen und Lorbeer und Kräuter entfernen.
3. Die Schalotten schälen und fein hacken. In einem Suppentopf 1 EL Öl erhitzen und Schalotten darin glasig dünsten. Die Kichererbsen hinzufügen, die Brühe angießen und zum Kochen bringen. Offen bei mittlerer Hitze ca. 15 Minuten köcheln lassen.
4. Inzwischen die Garnelen vorbereiten. Falls am Rücken ein feiner schwarzer Strich zu sehen ist, die Garnelen dort entlang einschneiden und den Darm entfernen. Die Garnelen kalt abspülen und trocken tupfen, dann jeweils der Länge nach halbieren. Den Knoblauch schälen und fein hacken. Die Petersilie waschen und trocken schütteln, die Blättchen abzupfen und fein hacken.
5. Die Kichererbsen in der Brühe pürieren, die Suppe mit Salz abschmecken und warm halten. Das restliche Öl in einer Pfanne erhitzen und Garnelen mit Knoblauch darin bei mittlerer Hitze unter Rühren ca. 1 Minute braten, bis die Garnelen sich rot gefärbt haben. Petersilie untermischen und die Garnelen mit Salz abschmecken. Kichererbsensuppe mit den Knoblauchgarnelen garnieren.

Dazu passt Weißbrot oder Toast.

PASTA E CECI

MAGENTROST

italienische Wintersuppe

KICHERERBSEN ENTHALTEN NEBEN EIWEISS UND KOHLENHYDRATEN AUCH 12 PROZENTE BALLASTSTOFFE. DAS MACHT LANGE SATT UND TUT AUCH UNSEREM VERDAUUNGSSYSTEM RICHTIG GUT.

Zutaten für 4 Portionen

- 200 g getrocknete Kichererbsen
- je 1 Zweig Rosmarin und Thymian
- 1 große Zwiebel
- 100 g durchwachsener Räucherspeck
- 2 EL Olivenöl
- 1 ½ l Gemüse- oder Fleischbrühe (s. Seite 10/11 oder 14/15)
- 2 Lorbeerblätter
- 1 getrocknete Chilischote
- 200 g kurze Nudeln (z. B. Penne, Rigatoni oder Orecchiette)
- Salz, Pfeffer aus der Mühle
- 2 EL Aceto balsamico

besonderes Werkzeug

- Pürierstab

Zeitbedarf

- 30 Minuten
- mind. 8 Stunden einweichen
- 1 ½ Stunden kochen

So geht's

1. Die Kichererbsen in einer Schüssel mit lauwarmem Wasser bedecken und mindestens 8 Stunden oder über Nacht einweichen.
2. Die Kräuter abbrausen und trocken schütteln. Die Zwiebel schälen und fein hacken. Vom Speck die Schwarte und alle Knorpel entfernen und den Speck in kleine Würfel schneiden. Das Öl in einem Suppentopf erhitzen, Zwiebeln und Speck dazugeben und die Zwiebeln bei mittlerer Hitze glasig dünsten.
3. Die Kichererbsen in ein Sieb abgießen und mit Brühe, Lorbeerblättern, Chili und Kräutern in den Topf geben. Alles zum Kochen bringen und bei schwacher Hitze und halb aufgelegtem Deckel in ca. 1 ½ Stunden weich kochen.
4. Inzwischen für die Nudeln reichlich Wasser zum Kochen bringen und salzen. Die Nudeln darin nach Packungsangabe al dente kochen. In ein Sieb abgießen, abschrecken und abtropfen lassen.
5. Die Kräuter aus dem Topf fischen. Zwei Suppenkellen von der Suppe abnehmen und fein pürieren. Wieder zur Suppe geben, die Nudeln untermischen und die Suppe kräftig mit Salz und Pfeffer abschmecken.
6. Die Suppe in vorgewärmte Suppenteller geben und jeweils mit etwas Balsamico beträufeln.

SCHNELLE KÜCHE | AUS DER DOSE **Wenn es mal schnell gehen soll, nehmen Sie gegarte Kichererbsen aus der Dose. 1 Dose Kichererbsen (ca. 240 g Abtropfgewicht) in ein Sieb geben und kalt abspülen, bis das Wasser klar bleibt. Brühe wie oben beschrieben zubereiten, Nudeln darin weich kochen und die Kichererbsen nur zum Schluss unterrühren und erwärmen.**

CURRYSUPPE

BRINGT HARMONIE

mit Mango, Ingwer und Huhn

DAS TUT GUT: DIE ZAHLREICHEN GEWÜRZE, DIE IM CURRY GEMISCHT SIND, BRINGEN DIE KÖRPERFUNKTIONEN INS GLEICHGEWICHT.

Zutaten für 4 Portionen

- 4 Frühlingszwiebeln
- 2 Knoblauchzehen
- 1 Stück frischer Ingwer (etwa 2 cm)
- 1 Mango
- 400 g Hähnchenbrustfilet
- ½ Bio-Zitrone
- 2 EL Butter
- 2 TL Currypulver (am besten Madras)
- 1 TL Mehl
- 1 l Hühnerbrühe (s. Seite 10)
- Salz, Pfeffer aus der Mühle

besonderes Werkzeug

- Pürierstab

Zeitbedarf

- 25 Minuten

So geht's

1. Die Frühlingszwiebeln waschen, die welken dunkelgrünen Teile und die Wurzelenden abschneiden. Das knackige Grün der Zwiebeln fein schneiden und zugedeckt beiseitelegen, den Rest der Zwiebeln fein hacken. Den Knoblauch und den Ingwer schälen und fein schneiden.
2. Die Mango schälen **[→a]** und das Fruchtfleisch vom Stein abschneiden. Das Fruchtfleisch klein würfeln. Das Hähnchenfleisch kalt abspülen und trocken tupfen. In feine Streifen schneiden. Die Zitronenhälfte waschen und abtrocknen, die Schale fein abreiben und mit dem Hähnchenfleisch mischen. Die Zitronenhälfte auspressen.
3. Im Suppentopf 1 EL Butter zerlassen, Zwiebeln, Knoblauch und Ingwer darin andünsten. Das Currypulver und das Mehl darüberstäuben und anschwitzen. Die Brühe unter Rühren dazugießen und zum Kochen bringen. Die Mangowürfel zur Suppe geben und alles offen 5–7 Minuten köcheln lassen.
4. Gleichzeitig die übrige Butter in einer Pfanne zerlassen. Die Hähnchenstreifen darin bei mittlerer Hitze unter Rühren 2–3 Minuten braten, bis sie gleichmäßig hell gefärbt sind. Hähnchen mit Salz und Pfeffer würzen.
5. Die Suppe im Topf pürieren, mit Salz, Pfeffer und 2–3 TL Zitronensaft abschmecken. Die Suppe in vorgewärmte Suppenteller füllen und mit den Hähnchenstreifen und den Zwiebelringen garnieren.

DAS IST *wirklich* WICHTIG

[a] MANGO VORBEREITEN Mangos sollte man vor dem Schälen immer waschen. Rückstände auf der Schale werden so abgespült und gelangen beim Schälen nicht über die Hände an das Fruchtfleisch. Schneiden Sie die Schale rundum ab und lösen Sie dann das Fruchtfleisch in Schnitzen vom Stein.

[a]

DAS IST *wirklich* WICHTIG

[a] SCHÄRFE SELBST BESTIMMEN
Wenn Sie nicht so scharf essen möchten, die Chilischote der Länge nach aufschneiden und die Trennhäute und Kerne entfernen, dann erst die Schote klein schneiden. Wer es richtig schön scharf mag, hackt die Chili mitsamt den Kernen und Häuten.

ROTE-LINSEN-SUPPE

KRAFTPAKET

mit Kokosmilch und Limette

LINSEN ENTHALTEN SO VIEL EIWEISS, DASS MAN MIT IHNEN EIN STÜCK FLEISCH ERSETZEN KANN – DAS IN DIESER SUPPE AUCH GAR NICHT FEHLT.

Zutaten für 4 Portionen

- 1 Zwiebel
- 1 Stück Ingwer (etwa 3 cm)
- 1 kleine rote Chilischote
- 1 Stange Lauch
- 1 Stück Kürbis (etwa 300 g)
- 1 EL Öl
- 150 g rote Linsen
- 1 Dose Kokosmilch (400 g)
- ¾ l Gemüsebrühe (s. Seite 14/15)
- 1 Bio-Limette
- ¼ Bund Koriander
- Salz

Zeitbedarf

- 30 Minuten

So geht's

1. Die Zwiebel und den Ingwer schälen und sehr fein hacken. Die Chilischote waschen, den Stiel abschneiden und die Chilischote fein hacken **[→a]**.
2. Vom Lauch das Wurzelende und die welken dunkelgrünen Teile abschneiden. Den Lauch der Länge nach halbieren und gründlich waschen, auch zwischen den Schichten. Den Lauch in feine Streifen schneiden. Aus dem Kürbis die Kerne mitsamt dem faserigen Fruchtfleisch herausschaben. Kürbis schälen und klein würfeln.
3. Das Öl im Suppentopf erhitzen. Zwiebel, Ingwer, Chili und Lauch darin andünsten. Die Linsen und den Kürbis dazugeben und nochmals kurz weiterdünsten.
4. Die Kokosmilch und die Brühe zugießen und zum Kochen bringen. Die Suppe zugedeckt bei schwacher bis mittlerer Hitze 12–15 Minuten köcheln lassen, bis die Linsen gut weich sind.
5. Inzwischen die Limette heiß waschen und abtrocknen, die Schale fein abreiben. Eine Hälfte auspressen. Den Koriander waschen und trocken schütteln. Die Blättchen abzupfen und fein hacken.
6. Die Suppe mit der Limettenschale und 1 EL Saft würzen, mit Salz abschmecken und den Koriander aufstreuen.

SCHOKOSUPPE

WÄRMT DAS HERZ

mit Vanille-Schnee-Eiern

SCHOKOLADE – DER GLÜCKLICHMACHER SCHLECHTHIN. FORSCHER SAGEN ZWAR, DAS SEI NICHT ZU BEWEISEN. WIR WISSEN ES ABER BESSER …

Zutaten für 4 Portionen

- 1 Vanilleschote
- ¾ l Milch
- 2 Päckchen Vanillezucker
- 2 sehr frische Eier (Größe M)
- 1 TL Zitronensaft
- 2 EL Puderzucker
- 1 Prise Salz
- 100 g Zartbitterschokolade
- 1 EL Kakaopulver
- 1 Prise Zimtpulver
- 2 EL Sahne
- 1 EL Speisestärke

Zeitbedarf

- 30 Minuten

So geht's

1. Die Vanilleschote der Länge nach aufschlitzen und aufklappen. Das Mark mit dem Messerrücken herauskratzen (s. Seite 72/73).
2. Die Milch mit dem Vanillezucker, der Schote und dem Vanillemark in einem weiten Topf erhitzen.
3. Die Eier trennen. Die Eiweiße zu steifem Schnee schlagen, dabei nach und nach Zitronensaft, Puderzucker und Salz zugeben **[→a]**.
4. Die Milch einmal aufkochen lassen, dann die Hitze ganz klein stellen. Von der Eiweißmasse mit 2 Teelöffeln Nocken abstechen und in die Milch setzen. Bei schwacher Hitze zugedeckt etwa 5 Minuten darin gar ziehen lassen. Nocken mit dem Schaumlöffel aus der Milch heben, auf eine Platte setzen und im Backofen bei 70 °C warm halten.
5. Die Schokolade in Stücke brechen und mit dem Kakao und dem Zimt in der Milch schmelzen lassen. Die Vanilleschote aus der Milch fischen. Die Eigelbe mit der Sahne, der Stärke und etwas heißer Schokomilch verrühren. Unter ständigem Rühren in die heiße, aber nicht mehr kochende Suppe geben. Auf Suppentellern verteilen und die Schnee-Eier darauf setzen.

[a]

DAS IST *wirklich* WICHTIG

[a] EISCHNEE SCHLAGEN Immer mit ganz fettfreien Küchengeräten arbeiten, sonst wird das Eiweiß nicht fest. Zunächst nur die Eiweiße mit dem Rührgerät schlagen, bis sie weiß und schaumig werden, dann erst den Zucker nach und nach einrieseln lassen und unterschlagen. Der Eischnee sollte so steif sein, dass ein Schnitt sichtbar bleibt.

KNUSPRIGE BEILAGE
aus dem Ofen

SUPPEN SIND SO SCHÖN UNKOMPLIZIERT. ALS VORSPEISE ODER HAUPTMAHLZEIT STEHEN SIE GANZ FÜR SICH ALLEINE UND BRAUCHEN KEIN GROSSES DRUMHERUM. MANCHMAL SCHMECKEN SIE ABER NOCH BESSER, WENN MAN SIE MIT EINEM STÜCKCHEN BROT GENIESST – UND SEI ES NUR, UM DIE LETZTEN RESTE IM TELLER AUFZUTUNKEN.

KNUSPRIGES BAUERNBROT

375 g helles Dinkelmehl, 375 g Dinkel-Vollkornmehl, 50 g frische Hefe, 1 kräftige Prise Zucker, 3 TL Salz

So geht's: Mehlsorten mischen, Hefe zerkrümeln und in 450 ml lauwarmem Wasser auflösen. Mit Zucker und Salz zum Mehl geben und zu einem glatten, geschmeidigen Teig verkneten. Zugedeckt über Nacht im Kühlschrank gehen lassen. Am nächsten Tag nochmals durchkneten und auf einem mit Backpapier belegten Backblech zu einem ovalen Laib formen. Zugedeckt nochmals 1 Stunde gehen lassen. Laib gleichmäßig mit kaltem Wasser einstreichen und glatt formen. Im vorgeheizten Ofen bei 250 °C (Ober- und Unterhitze; Umluft 220 °C) 15 Minuten backen. Bei 200 °C (Umluft 180 °C) weitere 45 Minuten backen, währenddessen häufig mit Wasser bespritzen.

LAUGEN-BREZEN

500 g Mehl, Salz, 30 g frische Hefe, 1 Prise Zucker, 50 g Natron (bei den Backzutaten), grobes Salz zum Bestreuen

So geht's: Mehl mit 1 ½ TL Salz mischen. Hefe in 275 ml lauwarmem Wasser mit dem Zucker auflösen, zum Mehl geben und alles zu einem glatten, geschmeidigen Teig verkneten. Zugedeckt 30 Minuten gehen lassen. Teig noch mal kräftig durchkneten, in 10 Portionen teilen, dann zu je ca. 50 cm langen Schnüren mit dünneren Enden rollen und zu Brezen verschlingen. Enden andrücken und Brezen im Kühlschrank weiter 15 Minuten gehen lassen. 1 ½ l Wasser mit dem Natron zum Kochen bringen. Brezen einzeln auf einem Schaumlöffel für ca. 30 Sekunden in die kochende Lauge tunken. Herausheben, abtropfen lassen und auf mit Backpapier belegte Backbleche legen. Mit grobem Salz bestreuen und im vorgeheizten Ofen bei 230 °C (Ober- und Unterhitze; Umluft 210 °C) ca. 15 Minuten backen.

OLIVEN-FOCACCIA

20 g frische Hefe, 500 g Mehl, 6 EL Olivenöl, 1 EL Salz, 1 Prise Zucker, 2 Zweige Rosmarin, 100 g kleine Oliven (ohne Stein), grobes Salz

So geht's: Hefe zerkrümeln und in 280 ml lauwarmem Wasser auflösen. Mit Mehl, 4 EL Olivenöl, Salz und Zucker gründlich zu einem glatten Teig verkneten. Zugedeckt 2 Stunden gehen lassen. Teig nochmal durchkneten, auf einem mit Backpapier belegten Backblech zu einem etwa 1 cm dicken Fladen ausrollen und weitere 30 Minuten gehen lassen. Inzwischen den Rosmarin waschen und die Nadeln abzupfen. In den Teig mit den Fingern kleine Mulden drücken. Oliven aufstreuen und leicht eindrücken. Mit Rosmarinnadeln und etwas Salz bestreuen, restliches Öl darüberträufeln. Focaccia im vorgeheizten Ofen bei 220 °C (Ober- und Unterhitze; Umluft 200 °C) 12–15 Minuten backen. Abkühlen lassen, in Stücke schneiden und frisch servieren.

MINI-NUSS-KASTENBROT

4 Zweige Thymian, 75 g Walnusskerne, 20 g frische Hefe, 1 Prise Zucker, 300 g Mehl, 2 TL Salz, ½ TL grob gemahlener schwarzer Pfeffer, Öl für die Form

So geht's: Den Thymian waschen, trocken schütteln und die Blättchen von den Stielen streifen. Die Walnusskerne in kleinere Stücke zerkrümeln. Hefe zerkrümeln und mit Zucker in 225 ml lauwarmem Wasser auflösen. Mit Mehl, Salz und Pfeffer gründlich zu einem glatten Teig verkneten. Thymian und Nüsse unterarbeiten. Eine Kastenform von 18 cm Länge mit Öl einpinseln. Den Teig hineinfüllen, gleichmäßig verteilen und etwa 1 Stunde zugedeckt gehen lassen. Brot im heißen Ofen bei 180 °C (Ober- und Unterhitze; Umluft 160 °C) etwa 1 Stunde backen. Zwischendurch mit etwas Wasser besprühen. Abkühlen lassen und frisch servieren.

REGISTER

A

B

B

E

F

G

H

J

K

REGISTER

R

S

T

W

Z

KLEINE KÖSTLICHKEITEN

Christina Kempe
Fingerfood
144 Seiten, 103 Abbildungen, €/D 14,95

Einladen und gemeinsam genießen – dieses Buch liefert die passenden Rezepte: ob für einen Abend mit kleinen Snacks oder für ein festliches Fingerfood-Buffet. Von der Planung über die stilechte Einladung und eine gelungene Tischdekoration bis hin zum appetitlichen Anrichten der Kleinigkeiten garantiert dieses Buch entspannte und genussvolle Stunden mit Familie und Freunden.

WIR KOCHEN

AKTEURE

Cornelia Schinharl gehört mit über 50 veröffentlichten Büchern, für die sie auch zahlreiche Preise bekommen hat, zu den erfolgreichsten Kochbuchautorinnen im deutschsprachigen Raum. Für die leidenschaftliche Köchin gehört ein leise vor sich hin blubbernder Suppentopf mit zum Schönsten, was die Küche zu bieten hat. Und so ist sie auch davon überzeugt, dass eigentlich jede Suppe glücklich machen kann. Für dieses Buch hat sie die besten Rezepte für Suppen mit Wohlfühleffekt zusammengestellt. Mit frischen saisonalen Zutaten zubereitet, verfeinert mit aromatischen Gewürzen, Toppings und kleinen Beilagen tun diese Suppen Leib und Seele gut.

Alexander Walter ist weit über 20 Jahren selbstständiger Fotograf. Im Auftrag renommierter Verlage und internationaler Agenturen arbeitet er vor allem in den Bereichen Food, Still Life, People, Reportage und Industrie. Der leidenschaftliche Hobbykoch war bei über 50 Kochbüchern für die optische Umsetzung des Konzepts verantwortlich. Er lebt und arbeitet mitten im Grünen, im schönsten bayerischen Oberland in der Nähe von München.

Sven Dittmann hat die Gerichte für dieses Buch verführerisch in Szene gesetzt. Der gelernte Koch, der 11 Jahre lang in renommierten Restaurants gearbeitet hat, ist seit 2006 als freiberuflicher Foodstylist für Verlage und Werbeagenturen tätig.

Maria Gilg, gelernte Floristin, hat ihre Liebe und ihr Gespür für Gestaltung und Requisiten mit der Zeit auch auf die Bereiche Food und Still Life erweitert. Für Alexander Walter hat sie schon mehrere Fotoproduktionen gekonnt mit liebevollen Accessoires ausgestattet und ist auch bei diesem Buch für das wunderschöne Styling verantwortlich.

IMPRESSUM

Mit 97 Farbfotos von Hans Gerlach (Seiten 5, 59 kleines Motiv, 86 und 132 kleines Motiv), EISING STUDIO / Martina Görlach (Seiten 10 kleines Motiv, 12 großes Motiv, 41 großes Motiv) und Alexander Walter (alle weiteren).

Umschlaggestaltung von Gramisci Editorialdesign, München, unter Verwendung zweier Fotos von von Alexander Walter

Rezepte, Geling-Tipps, Infos zum KOSMOS-Kochbuch-Programm und vieles mehr unter **kosmos.de/kochen**

Unser gesamtes lieferbares Programm und viele weitere Informationen zu unseren Büchern, Spielen, Experimentierkästen, DVDs, Autoren und Aktivitäten finden Sie unter **kosmos.de**

Gedruckt auf chlorfrei gebleichtem Papier

ISBN 978-3-440-13417-7
Projektleitung und Lektorat:
Claudia Salata, Stephanie Schönemann
Gesamtgestaltungskonzept:
Gramisci Editorialdesign, München
Satz: Cordula Schaaf, Grafik-Design, München
Produktion: Eva Schmidt
Printed in Germany / Imprimé en Allemagne

FSC® www.fsc.org
MIX
Papier aus verantwortungsvollen Quellen
FSC® C004592